하루 5분 독학 중국어

하루 5분 독학 중국어

2018년 11월 5일 초판 1쇄 발행

저 자	김윤희
펴 낸 곳	토마토출판사
주 소	경기도 파주시 회동길 216 2층
T E L	1544-5383
홈페이지	www.tomato-books.com
등 록	2012.1.1

* 값은 커버에 표시되어 있음.

토마토
출판사

머리말

大家好，非常欢迎你们来学习汉语!
여러분, 안녕하세요! "행복하고 즐겁게 공부합시다. Happy Chinese~!" 중국어 전문 강사 김윤희입니다.

최근 세계적으로 중국어 열풍이 불면서 어디를 가나 중국어를 들을 수 있고 중국어 능통자를 필요로 하는 곳도 늘어나고 있습니다. 특히 한국에 관광 온 중국인 여행객을 일컫는 '요우커(游客)'가 중요한 국내 시사 용어로 자리 잡은 만큼 우리 사회에서 중국어의 필요성은 계속해서 강조될 것입니다. 하지만 아직까지 많은 사람들에게 중국어는 배우기 힘든 외국어라는 인식이 있죠.

제가 학교나 기업에서 중국어를 강의하다 보면 기초 단계부터 지레 겁을 먹고 포기하는 분들을 간혹 만나게 됩니다. 저 또한 중국어를 처음 배웠을 때 많은 어려움을 겪었었죠. 그때 저의 교수님께서 이렇게 조언을 해 주셨습니다.

"말을 배우는 것은 분석과 탐구가 아니라 모방과 소통이다." 즉, 언어 학습은 머리로 탐구하고 연구하는 것도 중요하지만 무엇보다 입과 귀가 부지런해야 한다는 것입니다. 그때부터 저는 아주 짧은 문장을 여러 번 듣고 따라하며 중국어와 친해졌습니다. 그러자 점차 흥미가 생겼고 긴 문장 표현도 익숙하게 말할 수 있게 되었죠.

저 역시 힘들게 시작한 중국어 학습이었지만, 지금까지 그 매력에 빠져 중국어와 특별한 친구로 지내고 있답니다. 알고 보면 정말 재미있는 중국어의 세계에 본격적으로 입문하기도 전에 두려워하는 초보자들을 도와주고 싶어 교육 현장에서 만난 학생들에게 직접 중국어 학습의 고충을 들어 봤습니다.

"기초 단계부터 너무 어렵고 학습량이 많아서 공부할 엄두가 나질 않아요."
"기초 회화 교재 한 권을 다 공부했는데도 실전에 응용하기가 힘들어요."
"기본 어법이 부족해서 HSK, TSC 자격증을 준비하려면 다시 새롭게 공부를 해야 해요."

그래서 15년의 현장 강의 노하우를 담아 왕초보 학습 교재 『하루 5분 독학 중국어』를 쓰게 되었습니다.

첫째, 하루에 5분만 투자하세요!
아침에 일어나서 5분! 밤에 자기 전에 5분! 출퇴근길 막히는 버스 안에서 5분! 오늘의 공부를 내일로 차일피일 미루다가 결국 포기하지 말고, 매일 하루에 딱 5분만 효과적으로 공부하세요. 쉽고 짧은 중국어 표현을 하루에 5분, 5일 동안 공부한다면 오늘보다 내일 훨씬 더 발전한 중국어 실력을 확인할 수 있습니다.

둘째, 독학으로 어법·어휘·회화 세 마리 토끼를 동시에 잡는다!
"중국어 어법은 밥이 아니라 나물이다"라는 말이 있습니다. 책에 나오는 대로 기본 어법 공식을 익히고 다양한 어휘를 접목시켜 연습하다 보면, 어법을 따로 외우지 않아도 저절로 어순이 잡히면서 다양한 응용 회화에 도전할 수 있습니다. 무엇보다 이 모든 것을 혼자서도 쉽게 공부할 수 있게 중국어 표현의 발음을 한글로 함께 표기하였습니다.

셋째, HSK. TSC 등 자격증 준비를 위한 연습문제 맛보기!
중국어 자격증 시험을 준비할 수 있는 기본 어법 정리와 작문 도전 코너가 마련되어 있으므로 자격증 준비를 위해 다시 기초부터 공부하지 않아도 됩니다.

넷째, 문화를 알면 여행 회화도 막힘없이 술술~!
중국의 문화를 이해하면 회화가 쉬워집니다. 다양한 중국 문화를 소개하고, 따로 공부하지 않아도 실전에서 활용할 수 있는 핵심 여행 회화 표현법을 담았습니다. 하루 5분, 자투리 시간 동안 여러분의 입과 귀를 부지런히 움직여 보세요!

不怕慢，只怕站。"느림을 두려워하지 말고, 멈춤을 두려워하라."
인생은 속도가 아니라 방향입니다. 멈추지만 않는다면 느려도 괜찮습니다. 이 책이 여러분에게 중국어 학습의 길잡이이자 든든한 동행자가 되기를 진심으로 바랍니다. 중국어 학습의 최종 목표를 이루실 때까지 제가 항상 응원하겠습니다. 加油! 谢谢。

마지막으로 이 책이 세상에 나오기까지 많은 격려와 아낌없는 도움을 주신 토마토출판사 서장혁 대표님과 든든한 친구이자 많은 가르침을 주는 이 책의 중국어 감수자 马燕 선생님께 진심으로 감사드립니다.

그리고 저를 믿고 끝까지 따라와 주시는 '입술귀탁(입에서 술술~ 귀가 탁탁!)' 팬클럽 회원들과 여러 학생분들, 항상 그 자리에서 변함없이 응원을 해 주시는 지인들, 끝으로 저의 영원한 보물 1호 가족들에게 감사와 사랑의 마음을 전합니다.

저자 김윤희

목차 | 하루 5분 독학 중국어

 1 중국어의 기본 상식

· 중국어는 어떤 언어인가요?

① 한어 汉语

중국은 한족(汉族)과 55개의 소수 민족, 총 56개의 민족으로 구성된 다민족 국가입니다. 그중 90% 이상이 한족으로 구성되어 있어서 한족이 사용하는 말을 중국어로 칭하고, 이를 한어(汉语)라고 합니다.

② 보통화 普通话

중국은 나라도 크고 다민족 국가라서 지방이나 민족마다 사용하는 방언의 차이가 심해 같은 중국인끼리도 의사 소통에 어려움을 겪습니다. '북방 방언을 기초로, 베이징어의 발음을 기준으로, 우수한 현대 문학 작품의 중국어 문법을 표본으로' 한 표준어를 제정하였는데, 이를 보통화(普通话)라고 합니다.

· 중국의 글자는 어떻게 쓰나요?

간체자 简体字

중국과 우리나라의 한자는 형태가 조금 다릅니다. 우리가 쓰는 한자는 정자인 번체자(繁体字)이고, 중국에서 쓰는 한자는 간체자(简体字)라고 합니다. 간체자는 편의성과 실용성을 위해 복잡한 번체자의 필획을 줄이거나 부호화하여 쓰기 쉽게 만든 한자입니다.

· 중국어 한자의 발음은 어떻게 표기하나요?

한어병음 汉语拼音

중국어 한자는 뜻과 의미를 나타내는 표의문자로, 한자의 모양만 보고 어떻게 소리를 내야하는지 어렵기 때문에 로마자로 중국어의 한자 발음을 표기합니다. 이를 한어병음(汉语拼音)이라고 하고, 일반적으로 병음(拼音)이라고 줄여 부릅니다. 로마자 기호에 성조 부호를 붙여서 중국어 발음을 표기 하는데 이때, 영어의 알파벳과 발음 방법이 다르니 유의하세요.

중국어의 발음

성조

중국어는 음절, 즉 글자마다 고유한 소리의 높낮이를 가지고 있는데, 이를 '성조'라고 합니다. 성조는 네 개의 기본 성조(1성, 2성, 3성, 4성)와 경성으로 이루어져 있습니다.

· 기본 4성조와 경성

1성	2성	3성	4성	경성
ā 아→	á 아↗	ǎ 아↺	à 아↘	a 아
높고 평평한 음을 처음부터 끝까지 길게 유지하여 발음합니다.	중간 음에서 단번에 쭉 높은 음으로 부드럽게 끌어 올리며 발음합니다.	조금 낮은 음에서 시작하여 가장 낮은 음까지 내렸다가 다시 천천히 살짝 위로 올립니다.	높은 음에서 가장 낮은 음으로 강하고 빠르게 떨어뜨리며 발음합니다.	경성은 앞 글자의 영향으로 본래의 성조 대신 짧고 가볍게 발음하는 소리로, 성조 표시를 하지 않습니다.

· 같은 발음 다른 성조

mā	má	mǎ	mà	ma
마→ 妈	마↗ 麻	마↺ 马	마↘ 骂	마 吗
엄마	삼베	말	혼내다	~입니까?

· 성조 부호의 표기 방법

① 성조는 모음 위에 표기하고 모음이 여러 개 나올 때는 'a 〉 o, e 〉 i, u' 순서로 표기합니다.

② 격음 부호 : 'a, o, e'로 시작하는 음절이 다른 음절 뒤에 바로 연결될 때, 음절의 경계가 모호해져서 발음상 혼란이 있을 수 있으므로 음절을 구분하기 위해 ' ❜ '를 사용합니다. 이를 '격음 부호'라고 합니다. [예] 天安门 Tiān'ānmén (티엔 안 먼) 천안문

운모

중국어 발음은 성모와 운모로 이루어집니다. 음절의 첫 소리를 성모라 하고, 나머지 소리를 운모라 합니다. '성모+운모'로 결합하여 하나의 소리를 내기도 하고, 운모가 단독으로 쓰이기도 합니다.

· **단운모 :** 한 가지 소리로 이루어진 가장 기본적인 운모입니다.

a [아]	중국어의 운모 중 입 모양이 가장 큰 운모로, 우리말의 '아'처럼 입을 크게 벌리고 발음합니다.
o [오어]	'오'와 '어'의 중간 발음으로, 입술 모양을 둥글게 하여 우리말의 '오'로 시작하다 입술의 긴장을 풀어 '어'로 끝내며 발음합니다.
e [으어]	어금니를 물지 않고, 입술을 살짝 옆으로 벌려 '으'로 시작하다 턱을 자연스럽게 아래쪽을 당겨 '어'로 마쳐 발음합니다.
i (yi) [이]	입가에 힘을 주어서 입을 옆으로 벌려 '이'라고 발음하는데, 앞에 오는 성모에 따라 '으'처럼 발음하는 경우도 있습니다.
u (wu) [우]	입술을 앞으로 동그랗고 작게 내밀어 '우' 하고 발음합니다.
ü (yu) [위]	'u 우' 음을 내는 입 모양으로 입을 동글게 내민 상태에서 '위' 하고 발음합니다. 이때, 둥글게 내민 입 모양이 변하지 않도록 주의하세요.

• 운모 'i / u / ü'가 성모의 결합 없이 단독으로 음절을 구성할 때는 각각 'yi / wu / yu'로 표기합니다.

· **복운모 :** 단운모가 두 개 이상 모여서 이루어진 운모로, 앞의 음을 중점적으로 발음합니다.

ai [아이]	ei [에이]	ao [아오]	ou [어우]

• ei : '으어이'라고 발음하지 않도록 주의하세요.
• ou : 첫 발음 'o'를 '오'라고 발음하지 않도록 주의하며, '어'로 시작해서 '우'로 끝내며 발음해 주세요.
• 빨간색 글자는 단운모일 때와 발음이 다르니 주의하세요.

· **비음운모(비운모) :** 비음인 '–n' 또는 '–ng'와 결합된 콧소리 운모입니다. '–n' 발음은 'ㄴ' 받침으로, '–ng' 발음은 'ㅇ' 받침으로 끝내며 발음합니다.

an [안]	en [언]	ang [앙]	eng [엉]	ong [옹] / [웅]

• ong : 단어에 따라 '웅'에 가깝게 발음합니다.

· **권설운모 :** 혀끝을 말아 입천장에 닿지 않은 상태에서 발음합니다.

er [얼]

• 'er' 발음 위치는 영어의 'r' 발음 위치와 비슷합니다.
• 'er'은 성모와 결합하지 않고 단독으로 음절을 이루거나, 다른 운모 뒤에 위치하여 'er(儿)화 운모'를 만들

기도 합니다. 예) huā(花) + er(儿) → huār(花儿)

· 儿화운(모)

儿化(얼화)는 베이징을 비롯한 북방 지역만의 특유한 발음현상으로, 일부 명사나 동사, 형용사 뒤에 儿 er을 붙여서 발음을 부드럽게 해 줍니다. 儿化(얼화)로 쓰이면 儿 er은 '-r'로 표기하고, 일부 단어는 儿化(얼화)가 되면 의미나 품사가 달라지기도 합니다.

예) 画 huà [동사] 그림을 그리다 / 画儿 huàr [명사] 그림

· 결합운모 : 단운모 'i / u / ü' 와 결합된 운모입니다.

· i 결합운모 : 'i'와 결합하는 운모로, 처음에 'i(이)'를 발음하고, 뒤에 결합된 운모를 발음합니다. 'i'와 결합하는 운모가 성모 없이 단독으로 쓰일 때는 'i → y'로 표기하되, 'in'과 'ing'는 앞에 'y'를 추가합니다.

ia [이아]	ie [이에]	iae [이아오]	iou(iu) [이어우]	ian [이엔]	iang [이앙]	iong [이옹]	ien(in) [인]	ieng(ing) [잉]
ya	ye	yao	you	yan	yang	yong	yin	ying

• iou(iu) : '성모 + iou'인 경우에는 'o'를 생략하고 '성모 + iu'로 표기하는데, 이때 생략된 'o 오어'는 약하게 발음합니다.

• ien(in) / ieng(ing) : 표기할 때 'e 으어'를 생략하고, 소리가 거의 나지 않을 정도로 아주 약하게 발음합니다.

· u 결합운모 : 'u'와 결합하는 운모로, 처음에 입을 동그랗게 내밀고 시작하여 뒤에 결합된 운모를 발음합니다. 'u'와 결합하는 운모가 성모 없이 단독으로 쓰일 때는 'u → w'로 표기합니다.

ua [우아]	uo [우어]	uai [우아이]	uei(ui) [우에이]	uan [우안]	uen(un) [우언]	uang [우앙]	ueng [우엉]
wa	wo	wai	wei	wan	wen	wang	weng

• uei(ui) / uen(un) : '성모 + uei / 성모 + uen'인 경우에는 'e'를 생략하고 '성모 + ui / 성모 + un'로 표기하는데, 이때 생략된 'e 으어'는 각각 '에 / 으어'로 아주 약하게 발음합니다.

· ü 결합운모 : 'ü'와 결합하는 운모로, 'ü' 발음에 주의해서 시작하여 뒤에 결합된 운모를 발음합니다. 'ü'와 결합하는 운모가 성모 없이 단독으로 쓰일 때는 'ü → yu'로 표기합니다. ☞ 단운모편 설명 참고

üe [위에]	üan [위엔]	üen(ün) [윈]
yue	yuan	yun

• üen(ün) : 표기할 때 'e 으어'를 생략하고, 소리가 거의 나지 않을 정도로 아주 약하게 발음합니다.

성모

한국어의 자음 'ㄱ, ㄴ, ㄷ'과 마찬가지로 중국어의 성모는 단독으로 발음할 수 없기 때문에 반드시 '성모+운모'의 결합으로 쓰입니다.

· **입술소리 성모 :** 아랫입술과 윗입술을 붙였다 떼며 소리 내는 성모로, 운모 'o 오어'를 붙여 발음합니다.

b (o) [보어]	한국어 자음인 'ㅂ / ㅃ'처럼 발음합니다.	波 bō 뽀어, 包 bāo 빠오
p (o) [포어]	한국어 자음인 'ㅍ'처럼 발음합니다.	破 pò 포어, 跑 pǎo 파오
m (o) [모어]	한국어 자음인 'ㅁ'처럼 발음합니다.	摸 mō 모어, 门 mén 먼

• 단운모는 단독으로도 소리를 낼 수 있습니다.

· **입술소리 성모 :** 윗니를 아랫입술에 살짝 대고 그 틈으로 공기를 마찰해 내는 성모로, 운모 'o 오어'를 붙여 발음합니다.

f (o) [포어ⓕ]	한국어 자음인 'ㅍ'처럼 발음합니다. 단, 한국어에는 'f' 발음이 없으므로, 'p(o)' 발음과 구분하기 위해 영어의 'f'처럼 발음합니다.	发 fā 파ⓕ, 饭 fàn 판ⓕ

• p(o) 발음과 구분하기 위해 한글 발음 표기에 ⓕ표시를 하였습니다.

· **혀끝소리 성모 :** 혀끝을 윗니 뒤쪽에 붙였다 떼면서 소리 내는 성모로, 운모 'e 으어'를 붙여 발음합니다.

d (e) [드어/뜨어]	한국어 자음인 'ㄷ / ㄸ'처럼 발음합니다.	得 dé 드어, 点 diǎn 디엔
t (e) [트어]	한국어 자음인 'ㅌ'처럼 발음합니다.	特 tè 트어, 台 tái 타이
n (e) [느어]	한국어 자음인 'ㄴ'처럼 발음하며, 약간의 콧소리를 섞어 소리를 냅니다	讷 nè 느어, 年 nián 니엔
l (e) [르어]	한국어 자음인 'ㄹ'처럼 발음합니다.	乐 lè 르어, 来 lái 라이

· **혀뿌리소리 성모 :** 혀뿌리로 목구멍을 막았다 떼면서 공기를 마찰해 내는 소리 내는 성모로, 운모 'e 으어'를 붙여 발음합니다.

g (e) [그어/끄어]	한국어 자음인 'ㄱ / ㄲ'처럼 발음합니다.	歌 gē 끄어, 贵 guì 꾸에이
k (e) [크어]	한국어 자음인 'ㅋ'처럼 발음합니다.	课 kè 크어, 看 kàn 칸

h (e) [흐어]	한국어 자음인 'ㅎ'처럼 발음합니다.	喝 hē 흐어, 回 huí 후에이

- '성모 + uei' 경우에는 'e'를 생략하고 '성모 + ui'로 표기하는데, 이때 생략된 'e 으어'는 '에'로 아주 약하게 발음합니다. ☞ 'u'결합운모편 설명 참고

· **혓바닥소리 성모** : 혀를 넓게 펴고 혓바닥 앞부분과 윗니 뒤쪽 사이에서 소리를 내는 성모로, 운모 'i 이'를 붙여 발음합니다.

j (i) [지/찌]	한국어 자음인 'ㅈ / ㅉ'처럼 발음합니다.	鸡 jī 찌, 九 jiǔ 지어우
q (i) [치]	한국어 자음인 'ㅊ'처럼 발음합니다.	七 qī 치, 去 qù 취
x (i) [시/씨]	한국어 자음인 'ㅅ / ㅆ'처럼 발음합니다.	洗 xǐ 시, 需 xū 쉬

- '성모 j/q/x + ü/ü 결합운모'의 경우에는 'ü→ u'로 표기하고, 소리는 변하지 않으므로, 'u 우'가 아닌 'ü 위'소리로 발음해야 합니다.
- iou(iu) : '성모 + iou'인 경우에는 'o'를 생략하고 '성모 + iu'로 표기하는데, 이때 생략된 'o 오어'는 약하게 발음합니다. ☞ 'i'결합운모편 설명 참고

· **혀와 잇소리 성모** : 혀끝을 윗니 뒤쪽에 살짝 밀면서 마찰해 소리를 내는 성모로, 운모 'i 으'를 붙여 읽습니다. 이때는 운모 'i 이'가 '으'로 발음해야 합니다.

z (i) [즈/쯔]	한국어 자음인 'ㅈ / ㅉ'처럼 발음합니다.	字 zì 쯔, 走 zǒu 저우
c (i) [츠]	한국어 자음인 'ㅊ'처럼 발음합니다.	次 cì 츠, 从 cóng 총
s (i) [스/쓰]	한국어 자음인 'ㅅ / ㅆ'처럼 발음합니다.	司 sī 쓰, 送 sòng 쏭

· **혀말음 소리성모** : 혀끝을 살짝 말아 올려서 입천장의 단단한 부분에 혀끝이 닿을 듯 말 듯 하게 공기를 내보내며 소리를 내는 성모로, 운모 'i 으'를 붙여 읽습니다. 이때는 운모 'i 이'를 '으'로 발음해야 합니다.

zh (i) [즈ⓡ/쯔ⓡ]	한국어 자음인 'ㅈ / ㅉ'처럼 발음합니다.	只 zhǐ 즈ⓡ, 桌 zhuō 쭈ⓡ어
ch (i) [츠ⓡ]	한국어 자음인 'ㅊ'처럼 발음합니다.	吃 chī 츠ⓡ, 春 chūn 추ⓡ어ㄴ
sh (i) [스ⓡ/쓰ⓡ]	한국어 자음인 'ㅅ / ㅆ'처럼 발음합니다.	是 shì 스ⓡ, 顺 shùn 쑤ⓡ어ㄴ
r (i) [르ⓡ]	한국어 자음인 'ㄹ'처럼 발음합니다.	日 rì 르ⓡ, 弱 ruò 루ⓡ어

- 한글 발음 표기의 ⓡ은 혀말음 소리성모 발음 표기입니다.
- '성모 + uen'인 경우에는 'e'를 생략하고 '성모 + un'로 표기하는데 이때, 생략된 'e 으어'는 아주 약하게 발음합니다. ☞ 'u' 결합운모편 설명 참고

핵심표현

DAY 1 **안녕!**
你好!

DAY 2 **나는 잘 지내.**
我很好。

DAY 3 **고마워! 천만에!**
谢谢! 不客气!

DAY 4 **잘 가!**
再见!

DAY 5 **응용회화**

안녕!

A　Nǐ hǎo !
你好! 안녕!
니↗ 하오↗!

B　Nǐ hǎo !
你好! 안녕!
니↗ 하오↗!

你好!

你好!는 중국인들이 가장 보편적으로 쓰는 인사말입니다. 你 대신에 상대방의 이름이나 호칭을 넣어서 인사를 할 수도 있습니다.

Lǎoshī hǎo !
老师好! 선생님 안녕하세요!
라오↗ 스ⓡ→ 하오↗!

생생 새단어

你 nǐ
대 너
好 hǎo
형 좋다
老师 lǎoshī
명 선생님

1 하오 생생 패턴학습

＋ 好！
hǎo！
하오◡↗!

안녕!

2 패턴응용 미니회화

A：여러분 안녕하세요!

B：Lǎoshī, nín hǎo！
老师，您好！

A：Dàjiā hǎo！
大家好！

B：선생님, 안녕하세요!

중국어 Tip

① 3성 음절이 연달아 오는 경우, 앞의 3성을 2성으로 발음하며 성조 표기에는 변화가 없습니다.
你好 Nǐ hǎo → Ní hǎo

② 3성 음절 뒤에 1성, 2성, 4성, 경성이 오는 경우, 반3성으로 발음합니다. 반3성이란 3성의 소리를 내는 시작 지점에서 가장 낮은 지점으로 내려가는 부분까지만 발음하는 소리입니다. 역시 성조 표기에는 변화가 없습니다.
老师 Lǎoshī → Lao◡ shī　你们 Nǐmen → Ni◡ men

나는 잘 지내.

A　Nǐ hǎo ma?
你好吗?　너는 잘 지내니?
니↗ 하오∨ 마?

B　Wǒ hěn hǎo.
我很好。　나는 잘 지내.
워∨ 헌↗ 하오∨.

我很好。

좋다, 바쁘다 같은 형용사가 술어로 사용된 문장을 '형용사 술어문'이라고 합니다. 형용사 술어 앞에는 '매우'라는 뜻의 很을 습관적으로 붙여서 표현하는데, 강조의 의미는 거의 없습니다. 이때, 부정형은 很의 자리에 不 bù를 붙여 표현하고, 의문형은 문장 끝에 吗만 붙이면 '~니?, ~까?'라는 표현이 됩니다.

A : Wǒ hěn máng.
我很忙。 나는 바빠.
워↗ 헌∨ 망↗.

B : Wǒ bù máng.
我不忙。 나는 안 바빠.
워∨ 뿌↘ 망↗.

생생 새단어

吗 ma
조 ~입니까?
很 hěn
부 매우
我 wǒ
대 나
不 bù
부 ~아니다
忙 máng
형 바쁘다

1 하오 생생 패턴학습

我很
Wǒ hěn
워↗ 헌◡

나는 매우

\+

。

2 패턴응용 미니회화

A : Wǒ bú è.
我不饿。

B : 나는 배고파.

A : 나는 배고프지 않아.

B : Wǒ hěn è.
我很饿。

중국어 Tip

① 你好! 에 吗를 붙여 你好吗 ? 가 되면 평소 잘 아는 사람에게 쓰는 "안녕?", "잘 지내?"라는 인사말이 됩니다. 처음 만난 사람에게 你好吗 ? 라고 인사하지 않도록 주의하세요.

② 부정형을 나타내는 단어 不의 성조 변화
4성인 不는 원래 bù(뿌)는 뒤에 1성, 2성, 3성이 오면 원래대로 4성으로 발음하지만 뒤에 4성의 글자가 오면 bú(부) 2성으로 발음이 변합니다. 발음 학습을 위해 성조를 바꿔서 표기하기도 합니다.
不饿 bù è → bú è

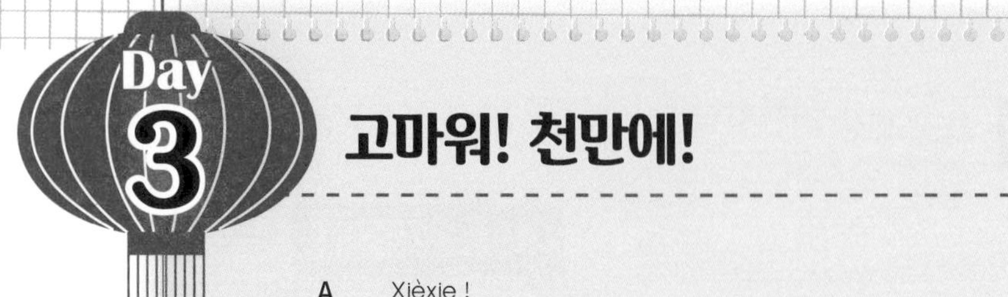

고마워! 천만에!

A Xièxie !

谢谢! 고마워!

씨에↘ 씨에!

B Bú kèqi !

不客气! 천만에!

부↗ 커↘ 치!

谢谢! 不客气!

谢谢!는 '고맙습니다'라는 감사의 인사입니다. 대답은 '천만에'라는 뜻의 **不客气!**라고 합니다. **客气**는 원래 '예의를 차리다, 격식을 차리다'라는 뜻으로, **不**을 붙이면 예의 차리지 않아도 된다 즉, '천만에요'라는 표현이 됩니다. **谢谢** 뒤에 고마움의 대상을 표현할 수도 있습니다.

❶ 천만에요!

'천만에요!'는 **谢** 앞에 **不**를 붙여 간단히 **不谢**라고 표현하기도 합니다.

❷ 미안합니다

'미안합니다'라는 표현은 **对不起** Duìbuqǐ!라고 하고, '괜찮아'라고 대답할 때는 **没关系** Méi guānxi라고 하면 됩니다.

생생 새단어

谢谢 Xièxie
동 감사하다

客气 kèqi
동 사양하다, 체면을 차리다

金 Jīn
명 (성씨)김

先生 xiānsheng
명 선생. 씨(성인 남성에 대한 경칭)

Xiè xie Jīn xiānsheng !

谢谢金先生! 김 선생 고마워요!

씨에↘ 씨에 찐→ 시엔 →셩ⓡ!

1 하오 생생 패턴학습

谢谢 + A [대상] + !

Xièxie

씨에↘ 씨에

고맙습니다

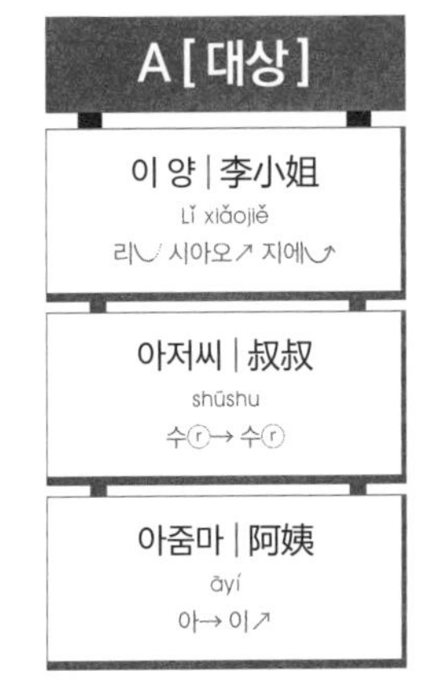

2 패턴응용 미니회화

A : 아저씨 고마워요!

B : Bú xiè !

不谢!

A : Xièxie shūshu !

谢谢叔叔!

B : 천만에!

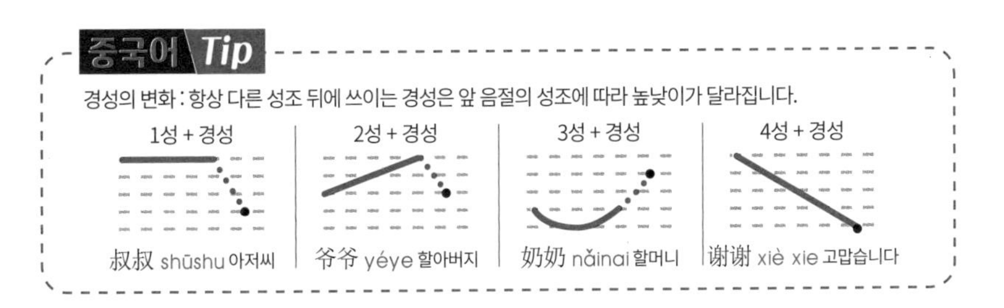

잘 가!

A Zàijiàn !
再见! 잘 가!
짜이↘ 찌엔↘!

B Zàijiàn !
再见! 잘 가!
짜이↘ 찌엔↘!

再见!

再见! 은 중국인들이 헤어질 때 가장 보편적으로 쓰는 인사말이에요. '다시, 또'라는 뜻의 **再**와 '보다, 만나다'라는 뜻의 **见**이 합쳐져서 '또 만나요'라는 인사말이 된 것입니다. 이때, 시간 명사를 **见** 앞에 넣어 그 시간에 다시 만날 것을 표현하기도 합니다.

Míngtiān jiàn !
明天见! 내일 만나자!
밍↗ 티엔→ 찌엔↘!

생생 새단어

再 zài
부 다시, 또
见 jiàn
동 만나다
明天 míngtiān
명 내일

1 하오 생생 패턴학습

+ 见！
jiàn！
찌엔↘！

만나!

2 패턴응용 미니회화

A：Míngtiān wǎnshang jiàn！
明天晚上见！

B：저녁에 봐！

A：내일 저녁에 만나！

B：Wǎnshang jiàn！
晚上见！

중국어 Tip

① 헤어질 때 再见！인사 외에 拜拜！ bàibài！ 라는 말도 자주 사용하는데, 이는 '**bye-bye**'라는 영어 표현에서 온 인사말입니다.

② 시간 명사 단어 뒤에 好를 붙여 만나는 시간에 따라 다른 인사를 할 수 있어요.
早上好！ Zǎoshang hǎo！(아침 인사) | 晚上好！ Wǎnshang hǎo！(저녁 인사)

1 응용회화

王明 Nǐ hǎo！ Yīng ài.
你好！ 英爱。
니↗ 하오↺！잉→ 아이↘.

英爱 Nǐ hǎo！ Wáng míng.
你好！ 王明。
니↗ 하오↺！왕↗ 밍↗.

王明 Hǎojiǔbújiàn. nǐ hǎo ma？
好久不见。你好吗？
하오↗ 지어우↺ 부↗ 찌엔↘. 니↗ 하오↺ 마？

英爱 Wǒ hěn hǎo. Nǐne？
我很好。你呢？
워↺ 헌↗하오↺. 니↺ 너?

王明 Wǒ yě hěn hǎo. Xièxie！
我也很好。谢谢！
워↗예↺ 헌↗하오↺ 씨에↘ 씨에↘！

英爱 Bú kèqí Zàijiàn！
不客气。再见！
부↗ 커↘ 치. 짜이↘찌엔↘！

王明 Zàijiàn！
再见！
짜이↘찌엔↘！

생생 새단어

好久不见
Hǎojiǔbújiàn
오랜만이에요.

呢 ne
조 문장의 끝에 쓰여 의문의 어기를 나타내는 조사

也 yě 또한, 역시

중국어 Tip

① 好久不见！Hǎojiǔbújiàn！ '오랜만이에요!'에서 好는 '매우'라는 뜻으로, 好(매우) + 久(오래다) + 不见(못 만나다) 즉, 'long time no see!' 영어 표현과 같은 오랜만에 만났을 때의 인사입니다.

② [주어 + 呢？]처럼 문장 끝에 생략 의문문 呢을 붙이면 '~ 는?'의 뜻이 되어 앞의 화제를 이어받아 같은 내용을 질문할 때 사용합니다.

2 말문트기 3단 문장연습

※ 소리를 들으며 따라해 보세요!

중국어로 따라하기	발음에 집중하여 따라하기	한자 모양에 집중하여 따라하기
왕밍 안녕! 영애야.	Wáng míng Nǐ hǎo ! Yīng ài.	**王明** 你好！ 英爱。
영애 안녕! 왕밍.	Yīng ài Nǐ hǎo ! Wáng míng.	**英爱** 你好！ 王明。
왕밍 오랜만이야. 너는 잘 지내니?	Wáng míng Hǎojiǔbújiàn. nǐ hǎo ma ?	**王明** 好久不见。 你好吗？
영애 나는 잘 지내. 너는?	Yīng ài Wǒ hěn hǎo. Nǐne ?	**英爱** 我很好。 你呢？
왕밍 나도 잘 지내. 고마워!	Wáng míng Wǒ yě hěn hǎo. Xièxie !	**王明** 我也很好。 谢谢！
영애 천만에! 또 만나자!	Yīng ài Bú kèqi ! Zàijiàn !	**英爱** 不客气！ 再见！
왕밍 또 만나자!	Wáng míng Zàijiàn !	**王明** 再见！

연습문제

1 녹음된 내용을 듣고, 성조를 표시해 보세요.

1) ni
2) hao
3) zao shang
4) da jia
5) bu lei
6) jian

2 그림을 보고 빈칸에 알맞은 중국어 문장을 골라 대화를 완성해 보세요.

1) 안녕!

ⓐ 你好！
Nǐ hǎo !
ⓑ 你好吗？
Nǐhǎo ma？
ⓒ 再见！
Zàijiàn !

2) 나는 바빠.

ⓐ 不客气！
Bú kèqi !
ⓑ 我很忙。
Wǒ hěn máng.
ⓒ 老师好！
Lǎoshī hǎo !

3 다음에 제시된 중국어 단어를 알맞은 어순으로 완성해 보세요.

1) 너는 배고프니?

吗 ma	你 nǐ	饿 è

[ ]

2) 나는 졸립다.

很 hěn	我 wǒ	困 kùn

[ ]

3) 김 선생은 피곤하지 않다.

累 lèi	金先生 Jīn xiānsheng	不 bù

[ ]

연습문제 정답

1 ① nǐ ② hǎo ③ zǎo shang
④ dà jiā ⑤ bú lèi ⑥ jiàn

2 ⓐ 你好! Nǐ hǎo !
ⓑ 我很忙。Wǒ hěn máng.

3 ① 你饿吗? ② 我很困。 ③ 金先生不累。

생생!
VJ 중국 문화 여행

중국의 인사 문화

중국어에는 존댓말이 없나요?

중국어는 우리나라 언어와는 다르게 존댓말과 반말의 개념이 없습니다. 그러나 상황에 따라 정중함을 표현하기 위해 你 '너' 대신 您 '당신'을 사용합니다. 즉, '안녕하세요!'를 정중하게 표현하려면 你好!를 您好!라고 하면 됩니다.

처음 만나는 중국인에게 '你好吗?'라고 인사해도 되나요?

중국어 인사 표현 중 가장 많이 실수하는 것 중 하나로, 你好吗?는 서로 알고 지내는 사람끼리 안부를 물을 때 쓰는 표현입니다. 처음 보는 사람에게 안부를 물어보는 건 어색하겠죠? 중국인들을 처음 만나면 你好!라고 가볍게 인사해 주세요.

중국인은 연장자에게도 손을 흔들어 인사를 하나요?

일반적으로 우리나라에서는 한두 살 차이라도 후배가 선배에게 손을 흔들어 인사하지 않습니다. 특히 상대와 나이 차이가 많이 날수록 예의를 강조하죠. 그러나 중국은 평등사상이 매우 강하여 나이와 상관없이 손 인사를 자유롭게 합니다. 만약 중국인이 연장자에게 손 인사를 하더라도 예의 없다고 오해하지 말아 주세요.

생생 여행중국어

여행 인사말

1. 안녕하세요!	你好! Nǐhǎo! 니↗ 하오↺!
2. 말씀 좀 물을게요!	请问! Qǐngwèn! 칭↺ 원↘!
3. 미안해요.	不好意思。 Bùhǎoyìsi。 뿌↘ 하오↺ 이↘쓰.

핵심표현

DAY 1 **너는 이름이 뭐니?**
你叫什么名字？

DAY 2 **당신은 성이 뭐예요?**
您贵姓？

DAY 3 **당신을 알게 되어 기뻐요.**
认识你，很高兴。

DAY 4 **너는 커피를 마시니?**
你喝咖啡吗？

DAY 5 **응용회화**

너는 이름이 뭐니?

A　Qǐng wèn,
请问，말 좀 물을게,
칭 원,

nǐ jiào shénme míngzi?
你叫什么名字？ 너는 이름이 뭐니?
니 찌아오 션 머 밍 쯔?

B　Wǒ jiào Piáo Yīngjùn.
我叫朴英俊。나는 박영준이라고 해.
워 찌아오 피아오 잉 쮠.

생생 새단어

请 Qǐng
동 청하다, 부탁하다
问 wèn
동 묻다
叫 jiào
명 ~라고 부르다
什么 shénme
대 무엇, 무슨
名字 míngzi
명 이름
朴英俊 Piáo Yīngjùn
고유 박영준
她 tā
대 그녀, 그 여자

你叫什么名字?

비슷한 연령대나 후배의 이름을 가볍게 물을 때 일반적으로 쓰는 표현입니다. [什么 + 명사] 형식을 따라 **什么+名字?** '어떤 이름?'이라고 물어보며, **什么**가 의문사이므로 문장 끝에 **吗**는 다시 쓰지 않습니다. 대답은 [주어 + **叫** + 이름(성+이름)]으로 표현합니다.

Tā jiào shénme míngzi?
她叫什么名字？ 그녀는 이름이 뭐니?
타 찌아오 션ⓡ 머 밍 즈?

1 하오 생생 패턴학습

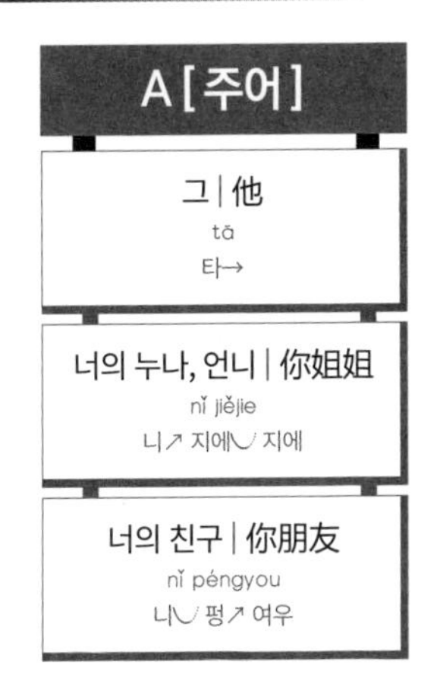

\+ 叫什么名字？
jiào shénme míngzi?
찌아오↘ 션ⓡ↗ 머 밍↗ 즈?

이름이 뭐니?

2 패턴응용 미니회화

A : 너의 친구는 이름이 뭐니?

B : Tā jiào Lǐ Mǐnhào.
他叫李敏镐。

A : Nǐ péngyou jiào shénme míngzi?
你朋友叫什么名字？

B : 그는 이민호라고 해.

중국어 Tip

请问 qǐng wèn은 영어의 '**please**'와 같은 정중한 부탁의 느낌을 주는 请 qǐng과 '묻다'라는 동사인 问 wèn이 합쳐진 것으로, '말씀 좀 물을게요'라는 뜻으로 쓰입니다. 보통 처음 만나는 사람에게 무언가를 물을 때 '저기요, 실례지만'으로 자주 사용합니다.

당신은 성이 뭐예요?

A
Nín guì xìng ?
您贵姓? 당신은 성이 뭐예요?
닌↗ 꾸에이↘ 씽↘ ?

B
Wǒ xìng wáng ,
我姓王, 저는 성이 왕 씨이고,
워◡ 씽↘ 왕↗,

jiào Wáng Míng.
叫王明。 왕밍이라 해요.
찌아오↘ 왕↗ 밍↗.

您贵姓?

您은 2인칭 대명사 你의 높임말로, 연장자나 처음 만난 사람의 이름을 물을 때 사용하는 표현입니다. 대답할 때는 [我 + 姓 + 성씨] 혹은 [我 + 姓 +성씨, 叫 + 이름] 형식으로 말합니다.
또한, 동년배나 연소자에게 성씨를 물을 때는 你贵姓?가 아닌, 你姓什么?라고 합니다. 제3자의 성씨를 물을 때도 마찬가지입니다.

A : Tā xìng shénme ?
他姓什么? 그는 성이 뭐예요?
타→ 씽↘ 션ⓡ↗머 ?

B : Tā xìng Jīn.
他姓金。 그는 김씨예요.
타→ 씽↘ 찐→.

생생 새단어

您 nín
대 당신

贵 guì
형 (경어) 존경의 뜻을 나타내는 말, 귀하다

姓 xìng
명 성(씨),
동 성이 ~ 이다

王明
Wáng Míng
고유 왕밍

金 Jīn
명 김(성씨)

1 하오 생생 패턴학습

我姓 + A [성씨] 。

Wǒ xìng

워◡ 씽↘

저의 성씨는

2 패턴응용 미니회화

A : Nǐ xìng shénme ?

你姓什么？

B : 나는 장씨야.

A : 너는 성이 뭐니?

B : Wǒ xìng Zhāng.

我姓张。

중국어 Tip

① 贵 guì의 기본 의미는 '비싸다, 귀하다'라는 뜻으로 성씨, 나라, 회사 등의 명사 앞에 놓여 상대방에 대한 예의를 나타낼 때 사용됩니다.

贵国 guìguó 귀국(당신 나라), 贵公司 guì gōngsī 귀사(당신 회사)

② 중국에서는 친하거나 자신보다 나이가 어린 경우 [小 xiǎo + 성씨], 30세 이상의 나이가 많은 경우 [老 lǎo + 성씨]를 사용하여 친밀감을 나타냅니다.

당신을 알게 되어 기뻐요

A Rènshi nǐ, hěn gāoxìng.
认识你，很高兴。 당신을 알게 되어 기뻐요.
런ⓡ↘ 스ⓡ 니↗, 헌↘ 까오→ 씽↘

B Rènshi nǐ
认识你， 당신을 알게 되어,
런ⓡ↘ 스ⓡ 니↗,

wǒ yě hěn gāoxìng.
我也很高兴。 저도 기뻐요.
워↗ 예↗ 헌↘ 까오→ 씽↘

认识你，很高兴。

처음 만났을 때 할 수 있는 인사 표현이에요. '알다'라는 뜻의 **认识** 대신 **见到** jiàndào '만나게 되다'를 쓰기도 합니다. 대답을 할 때는 '너를 알게 되어 나도 기뻐'라는 뜻으로, '역시'라는 의미의 **也**를 넣어 표현합니다.

Jiàndào nǐ, wǒ hěn gāoxìng.
见到你，我很高兴。 너를 만나게 되어, 나는 기뻐
찌엔↘ 따오↘ 니↗, 워↗ 헌↘ 까오→ 씽↘.

생생 새단어

认识 rènshi
동 알다

高兴 gāoxìng
형 기쁘다

也 yě
부 또한, 역시

见到 jiàndào
동 만나다, 만나게 되다

1 하오 생생 패턴학습

认识你，很 + A [형용사] 。

Rènshi nǐ, hěn

런ⓡ↘ 스ⓡ 니↺, 헌↺

너를 알게 되어,

2 패턴응용 미니회화

A : 너를 알게 되어 영광스러워.

B : Rènshi nǐmen, wǒ yě hěn róngxìng.

认识你们，我也很荣幸。

A : Rènshi nǐ, hěn róngxìng.

认识你，很荣幸。

B : 너희들을 알게 되어, 나도 영광스러워.

중국어 Tip

认识 rènshi는 상대방을 직접 보고 알게 된 경우에 사용할 수 있는 표현이에요. 중국어에서 '나, 너, 그, 그녀'처럼 사람을 대신해서 가리키는 말을 '인칭 대명사'라고 하는데, 们을 붙이면 복수형이 됩니다.

我们认识你们。	Wǒmen rènshi nǐmen.	우리들은 너희들을 알아.
我们认识他们。	Wǒmen rènshi tāmen.	우리들은 그들을 알아.
我们认识她们。	Wǒmen rènshi tāmen.	우리들은 그녀들을 알아.

너는 커피를 마시니?

A　Nǐ hē kāfēi ma?
你喝咖啡吗?　너는 커피를 마시니?
니∪ 흐어→ 카 →페ⓕ이→ 마?

B　Wǒ bù hē kāfēi.
我不喝咖啡。　나는 커피를 안 마셔.
워∪ 뿌↘ 흐어→ 카→ 페ⓕ이→.

你喝咖啡吗?

동사가 술어 역할을 하는 문장을 '동사 술어문'이라 합니다. 긍정문은 [주어 + 술어(동사) + 목적어], 부정문은 不를 사용하여 [주어 + 不 + 술어(동사) + 목적어]로 표현합니다. 의문문은 문장 끝에 **吗**만 붙여 주거나, 동사의 긍정형과 부정형을 나열하여 [주어 + 술어(동사) + 不 + 술어(동사) + 목적어] 형태로 정반 의문문 표현을 하기도 합니다.

Nǐ hē bu hē kāfēi?
你喝不喝咖啡?　너는 커피 마시니 안 마시니?
니∪ 흐어→ 뿌 흐어→ 카→ 페ⓕ이→?

생생 새단어

喝 hē
[동] 마시다
咖啡 kāfēi
[명] 커피

1 하오 생생 패턴학습

她喝
Tā hē
타→ 흐어→
그녀는 마시다

+

+

吗？
ma?
마?
~니?

2 패턴응용 미니회화

A : Tā hē píjiǔ ma?
　　她喝啤酒吗？

B : 그녀는 맥주를 안 마시고, 콜라를 마셔.

A : 그녀는 맥주를 마시니?

B : Tā bù hē píjiǔ, hē kělè.
　　她不喝啤酒，喝可乐。

중국어 Tip

① 중국어의 정반 의문문에서 不 bù는 가볍게 경성으로 발음해 주세요. 이때, 문장 끝에 吗는 다시 쓰지 않습니다.

② '동사 술어문'에서 의문사 什么 shénme를 활용하여 동작 즉, 동사의 목적어가 무엇인지를 물을 수 있어요. 什么가 의문사여서 문장 끝에 吗는 다시 쓰지 않습니다.

她喝什么？	Tā hē shénme?	그녀는 무엇을 마시니?
她吃什么？	Tā ché shénme	그녀는 무엇을 먹니?

1 응용회화

王明 Qǐng wèn, nǐ jiào shénme míngzi?

请问，你叫什么名字？

칭∨ 원↘, 니∨ 찌아오↘ 션ⓡ↗ 머 밍↗ 즈?

英俊 Wǒ jiào Piáo Yīngjùn.

我叫朴英俊。

워∨ 찌아오↘ 피아오↗ 잉→ 쮠↘.

Nín guì xìng?

您贵姓？

닌↗ 꾸이↘ 씽↘?

王明 Wǒ xìng Wáng, jiào Wáng Míng.

我姓王，叫王明。

워∨ 씽↘ 왕↗, 찌아오↘ 왕↗ 밍↗.

英俊 Rènshi nǐ, hěn gāoxìng.

认识你，很高兴。

런ⓡ↘ 스ⓡ↘ 니∨, 헌∨ 까오→ 씽↘.

王明 Rènshi nǐ, wǒ yě hěn gāoxìng.

认识你，我也很高兴。

런ⓡ↘ 스ⓡ 니∨, 워↗ 에∨ 헌∨ 까오→ 씽↘.

英俊 Nǐ hē kāfēi ma?

你喝咖啡吗？

니∨ 흐어→ 카→ 페ⓕ이→ 마?

王明 Duìbuqǐ, Wǒ bù hē kāfēi.

对不起，我不喝咖啡。

뚜에이↘ 부 치∨, 워∨ 뿌↘ 흐어→ 카→ 페ⓕ이→.

중국어 TIP

미안함을 표현할 때는 对不起 duì buqǐ 혹은 不好意思 bù hǎo yìsi 라는 표현을 씁니다.

생생 새단어

对不起 duì buqǐ 죄송합니다

2 말문트기 3단 문장연습

※ 소리를 들으며 따라해 보세요!

중국어로 따라하기	발음에 집중하여 따라하기	한자 모양에 집중하여 따라하기
왕밍 말 좀 물을게요, 너는 이름이 뭐예요?	Wáng Míng Qǐng wèn, nǐ jiào shénme míngzi?	**王明** 请问, 你叫什么名字?
영준 저는 박영준이라고 해요. 당신은 성이 뭐예요?	Yīng jùn Wǒ jiào Piáo Yīngjùn. Nín guì xìng?	**英俊** 我叫朴英俊。 您贵姓?
왕밍 나는 성이 왕씨이고, 왕밍이라고 해요.	Wáng Míng Wǒ xìng Wáng, jiào Wáng Míng.	**王明** 我姓王, 叫王明。
영준 당신을 알게 되어, 기뻐요.	Yīng jùn Rènshi nǐ, hěn gāoxìng.	**英俊** 认识你, 很高兴。
왕밍 너를 알게 되어, 나도 기뻐요.	Wáng Míng Rènshi nǐ, wǒ yě hěn gāoxìng.	**王明** 认识你, 我也很高兴。
영준 당신은 커피를 마시나요?	Yīng jùn Nǐ hē kāfēi ma?	**英俊** 你喝咖啡吗?
왕밍 미안해요, 나는 커피를 안 마셔요.	Wáng Míng Duìbuqǐ, Wǒ bù hē kāfēi.	**王明** 对不起, 我不喝咖啡。

연습문제

1 녹음된 내용을 듣고, 성조를 표시해 보세요.

1) ming zi

2) gao xing

3) ren shi

4) he

5) jiao

6) shen me

2 그림을 보고 빈칸에 알맞은 중국어 문장을 골라 대화를 완성해 보세요.

1) 당신은 성이 뭐예요?

ⓐ 您贵姓什么？
Nín guì xìng shénme？

ⓑ 您贵姓？
Nín guì xìng？

ⓒ 你贵姓？
Nǐ guì xìng？

2) 너를 알게 되어 기뻐.

ⓐ 认识你, 很荣幸。
Rènshi nǐ, hěn róngxìng.

ⓑ 认识你, 很幸福。
Rènshi nǐ, hěn xìngfú.

ⓒ 认识你, 很高兴。
Rènshi nǐ, hěn gāoxìng.

3 다음에 제시된 중국어 단어를 알맞은 어순으로 완성해 보세요.

1) 너는 콜라를 마시니 안 마시니?

不	可乐	喝	你	喝
bù	kělè	hē	nǐ	hē

[ ]

2) 너는 이름이 뭐니?

名字	叫	你	什么
míngzi	jiào	nǐ	shénme

[ ]

3) 나는 커피를 마시지 않아.

咖啡	我	喝	不
kāfēi	Wǒ	hē	bù

[ ]

연습문제 정답

1 ① míng zi ② gāo xìng ③ rèn shi
④ hē ⑤ jiào ⑥ shén me

2 ⓑ 您贵姓? Nín guì xìng?
ⓒ 认识你, 很高兴。Rènshi nǐ, hěn gāoxìng.

3 ① 你喝不喝可乐? ② 你叫什么名字? ③ 我不喝咖啡。

생생! VJ 중국 문화 여행

중국인의 호칭

중국에서 가장 보편적인 호칭은 무엇인가요?

'남성'은 先生 xiānsheng, '여성'은 小姐 xiǎojiě라고 부릅니다. 先生은 교사를 가리키는 말이 아니라 '~씨, 선생'이라는 뜻입니다. 모르는 사람에게는 先生이라고 부르고, 아는 사람이라면 성을 붙여서 金先生 Jīnxiānsheng, 朴先生 Piáo xiānsheng라고 부르면 됩니다. 小姐는 '아가씨'라는 뜻이지만 일반적으로 '여성'을 통칭하며, 先生과 마찬가지로 앞에 성을 붙여 李小姐 Lǐ xiǎojiě, 陈小姐 Chén xiǎojiě라고 부르면 됩니다.

음식점이나 상점의 주인을 부를 때는 뭐라고 하나요?

음식점이나 상점의 주인에게 주로 쓰는 호칭은 老板 lǎobǎn입니다. '여자 주인'은 老板娘 lǎobǎnniáng, '여자 종업원'을 美女 měinǚ라고 부르면 됩니다. 나이 어린 학생이 '아저씨' 하고 부를 때는 叔叔 shūshu, '아주머니'는 啊姨 āyí라고 합니다.

생생 여행중국어

호칭

1. (택시) 기사님! — 师傅! shīfu! 스ⓡ→ 푸ⓕ !

2. (상점) 남자 / 여자 사장님! — 大哥! / 大姐! dàgē! / dàjiě! 따↘ 끄어→ ! / 따↘ 지에↗ !

3. (호텔) 종업원! — 服务员! fúwùyuán! 푸↗ 우↘ 위엔↗ !

핵심표현

WEEK 1 **안녕!**
你好!

WEEK 2 **너는 이름이 뭐니?**
你叫什么名字？

WEEK 1 안녕!

생생패턴 1 안녕!

A (주어) + 好! (hǎo !) : A 안녕!

당신 您 nín | 너희들 你们 Nǐmen | 여러분 大家 dàjiā

STEP 1 한국어를 중국어로 말해 보세요.

(1) 안녕하세요!

(2) 너희들 안녕!

(3) 모두들 안녕!

STEP 2 듣고 따라 읽으며 빈칸에 알맞는 단어를 써 보세요.

(1) ＿＿ 好 !

(2) ＿＿ 好 !

(3) ＿＿ 好 !

1 您
2 你们
3 大家

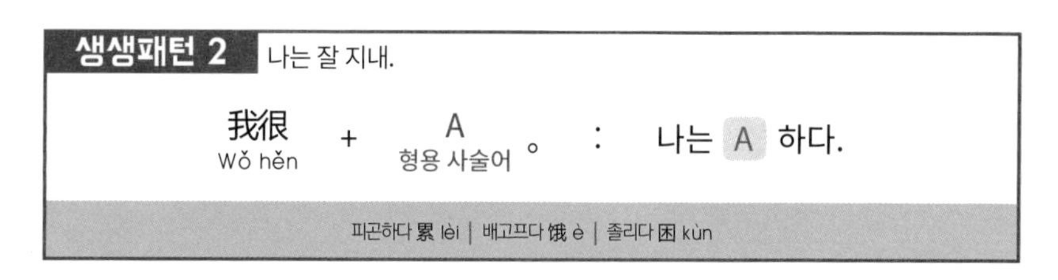

STEP 1 한국어를 중국어로 말해 보세요.

(1) 나는 피곤해.

(2) 나는 배고프다.

(3) 나는 졸려.

STEP 2 듣고 따라 읽으며 빈칸에 알맞는 단어를 써 보세요.

(1) 我很 ＿＿ 。

(2) 我很 ＿＿ 。

(3) 我 ＿＿ 困。

1 累
2 饿
3 很

STEP 1 한국어를 중국어로 말해 보세요.

(1) 이 양에게 고마워요!

(2) 아저씨께 감사드려요!

(3) 아줌마께 감사드려요!

STEP 2 듣고 따라 읽으며 빈칸에 알맞는 단어를 써 보세요.

(1) 谢谢 ______ 。

(2) ______ 叔叔。

(3) 谢谢 ______ 。

1 李小姐
2 谢谢
3 阿姨

생생패턴 4 잘 가!

A 시간 명사 + 见! jiàn ! : A 에 만나!

아침 早上 zǎoshang | 점심 中午 zhōngwǔ | 저녁 晚上 wǎnshang

STEP 1 한국어를 중국어로 말해 보세요.

(1) 아침에 만나!

(2) 점심에 만나!

(3) 저녁에 만나!

STEP 2 듣고 따라 읽으며 빈칸에 알맞는 단어를 써 보세요.

(1) ______ 见。

(2) 中午 ______ 。

(3) ______ 见。

1 早上
2 见
3 晚上

생생패턴 1 너는 이름이 뭐니?

A 주어 + 叫什么名字? jiào shénme míngzi? : A 는 이름이 뭐니?

그 他 tā | 너의 누나, 언니 你姐姐 nǐ jiějie | 너의 친구 你朋友 nǐ péngyou

STEP 1 한국어를 중국어로 말해 보세요.

(1) 그는 이름이 뭐니?

(2) 너의 누나는 이름이 뭐니?

(3) 너의 친구는 이름이 뭐니?

STEP 2 듣고 따라 읽으며 빈칸에 알맞는 단어를 써 보세요.

(1) 他 ___ 什么名字?

(2) ___ 叫什么名字?

(3) 你朋友叫什么 ___ ?

1 叫
2 你姐姐
3 名字

생생패턴 2 나는 성이 왕 씨다.

我姓 Wǒ xìng + A 성씨 。 : 나는 A 성씨이다.

장 张 Zhāng | 주 周 Zhōu | 박 朴 Piáo

STEP 1 한국어를 중국어로 말해 보세요.

(1) 나는 김씨야.

(2) 나는 주씨야.

(3) 나는 박씨야.

STEP 2 듣고 따라 읽으며 빈칸에 알맞는 단어를 써 보세요.

(1) 我姓 ___ 。

(2) 我 ___ 周。

(3) 我姓 ___ 。

1 张
2 姓
3 朴

생생패턴 3 당신을 알게 되어 기뻐요.

认识你, 很 + A 。 : 너를 알게 되어, A 하다.
Rènshi nǐ, hěn　형용사

영광스러워 荣幸 róngxìng | 즐거워 快乐 kuàilè | 행복해 幸福 xìngfú

STEP 1 한국어를 중국어로 말해 보세요.

(1) 너를 알게 되어 영광스러워.

(2) 너를 알게 되어 즐거워.

(3) 너를 알게 되어 행복해.

STEP 2 듣고 따라 읽으며 빈칸에 알맞는 단어를 써 보세요.

(1) ______ 你, 很荣幸。

(2) 认识你, 很 ______ 。

(3) 认识你, 很 ______ 。

1 认识
2 快乐
3 幸福

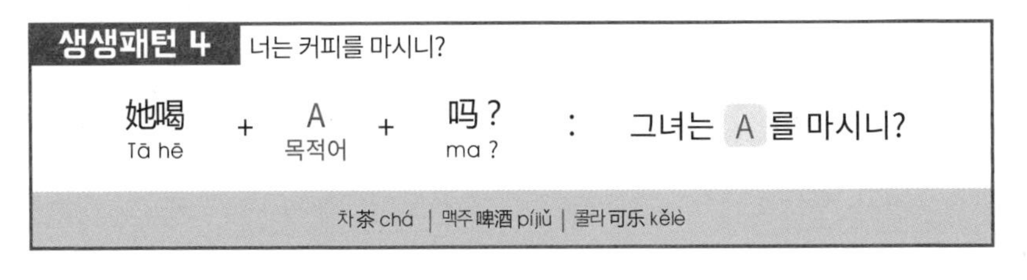

STEP 1 한국어를 중국어로 말해 보세요.

(1) 그녀는 차를 마시니?

(2) 그녀는 맥주를 마시니?

(3) 그녀는 콜라를 마시니?

STEP 2 듣고 따라 읽으며 빈칸에 알맞는 단어를 써 보세요.

(1) 她喝 ______ 吗 ?

(2) 她 ______ 啤酒 吗 ?

(3) 她喝 ______ 吗 ?

1 茶
2 喝
3 可乐

핵심표현

DAY 1 **너는 어디 가니?**
你去哪儿？

DAY 2 **이 사람은 누구니?**
这是谁？

DAY 3 **너는 어느 나라 사람이니?**
你是哪国人？

DAY 4 **너는 무슨 일을 하니?**
你做什么工作？

DAY 5 **응용회화**

너는 어디 가니?

A　Nǐ qù nǎr?

你去哪儿? 너는 어디 가니?

니◡ 취↘ 날ⓡ◡?

B　Wǒ qù shūbā.

我去书吧。 나는 북카페에 가.

워◡ 취↘ 수ⓡ→ 바→.

你去哪儿?

哪儿 nǎr은 哪 nǎ '어느'라는 의문사에 儿 er을 붙여 '어디?'라는 뜻의 장소를 묻는 의문 대명사입니다. 그 자체로 의문사이므로 문장 끝에 吗를 붙이지 않아도 됩니다.

> Wǒ qù biànlìdiàn.
>
> 我去便利店。 나는 편의점에 가.
>
> 워◡ 취↘ 삐엔↘ 리↘ 디엔↘.

생생 새단어

去 qù
동 가다

哪儿 nǎr
대 어디

书吧 shūbā
명 북카페

便利店 biànlìdiàn
명 편의점

1 하오 생생 패턴학습

我去 + A [장소 목적어]。

Wǒ qù

워◡ 취↘

나는 간다

2 패턴응용 미니회화

A : Nǐ qù nǎr?
你去哪儿?

B : 나는 사무실에 가.

A : 너는 어디 가니?

B : Wǒ qù bàngōngshì.
我去办公室。

중국어 Tip

食堂은 주로 규모가 큰 구내식당을 뜻합니다. 예를 들어 学生食堂 xuésheng shítáng '학생 식당', 职工食堂 zhígōng shítáng '직원 식당'처럼요. 일반적인 '음식점'은 饭馆儿 fànguǎnr, 일반적인 음식점보다 규모가 더 크고 고급스러운 '레스토랑'은 餐厅 cāntīng이라고 합니다.

이 사람은 누구니?

A Zhè shì shéi?
这是谁? 이 사람은 누구니?
쩌ⓡ↘ 스ⓡ↘ 쉐ⓡ이↗?

B Zhè shì wǒ péngyou,
这是我朋友, 이 사람은 내 친구야,
쩌ⓡ↘ 스ⓡ↘ 워◡ 펑↗ 여우.

jiào Shǐmìsī.
叫史密斯。 스미스라고 해.
찌아오↘ 스ⓡ◡ 미↘쓰→

这是谁?

这는 가까이 있는 사물 혹은 사람을 가리킬 때 사용하는 지시 대명사입니다. 이 표현은 '~이다'라는 뜻의 동사인 **是** shì와 함께 **这是~** '이것은, 이 사람은 ~이다' 형태로 자주 쓰입니다. 조금 멀리 있는 사물 혹은 사람을 가리킬 때에는 **那** nà라는 표현을 사용합니다. 또한, **谁** shéi는 '누구'라는 뜻의 의문사로, shéi 혹은 shuí라고 발음합니다.

A: Nà shì shéi?
那是谁? 저 사람은 누구니?
나↘ 스ⓡ↘ 쉐ⓡ이↗?

B: Nà shì wǒ tóngshì
那是我同事。 저 사람은 내 동료야.
나↘ 스ⓡ↘ 워◡ 통↗ 스ⓡ↘

생생 새단어

这 zhè
대 이, 이것, 이 사람

是 shì
동 ~이다

谁 shéi
대 누구

史密斯 Shǐmìsī
고유 스미스

那 nà
대 저, 저것, 저 사람 / 그, 그것, 그 사람

同事 tóngshì
명 동료

1 하오 생생 패턴학습

这 / 那是
Zhè / Nà shì
쩌ⓡ↘ / 나↘ 스ⓡ↘

이것, 이 사람 / 저것, 저 사람
은 ~이다

+

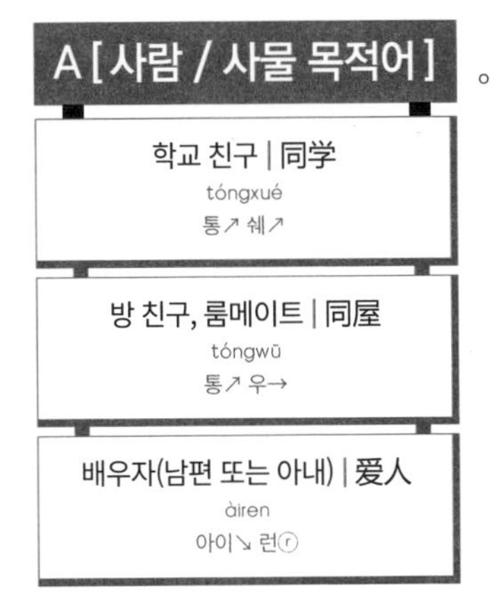

2 패턴응용 미니회화

A : 이 분은 누구시니?

B : Zhè shì wǒ àiren.
这是我爱人。

A : Zhè shì shéi?
这是谁?

B : 이 사람은 내 남편이야.

중국어 Tip

这 / 那는 사람 혹은 사람을 가리킬 때 사용하는 지시 대명사입니다. 什么라는 의문사를 사용하여 사물을 나타내는 표현을 살펴볼까요?

A : 这是什么?	Zhè shì shénme?	이것은 무엇이니?
B : 这是名片。	Zhè shì míngpiàn.	이것은 명함이야.

名片 míngpiàn [명] 명함

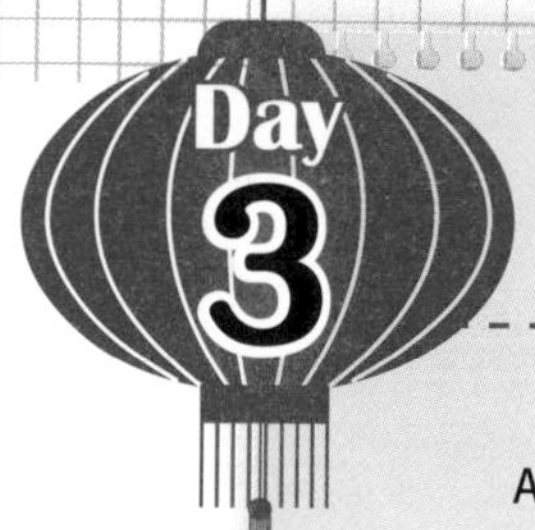

너는 어느 나라 사람이니?

A Nǐ shì nǎ guórén?

你是哪国人? 너는 어느 나라 사람이니?

니↘ 스ⓡ↘ 나↘ 구어↗ 련ⓡ↗?

B Wǒ shì Měiguórén.

我是美国人。 나는 미국인이야.

워↘ 스ⓡ↘ 메이↘ 구어↗련ⓡ↗.

你是哪国人?

의문사 哪 nǎ는 여러 가지 중 하나를 선택하여 물을 때 사용하는 의문사입니다. 여러 국적 중 어느 나라 인지를 선택하여 물어볼 때에는 哪国人 nǎ guórén라고 합니다. 또한 판단, 설명의 역할을 하는 동사 是가 술어로 사용된 문장을 '是 자문'이라고 하는데, 이때, 부정문은 不是 bù shì '~가 아니다'입니다. 是가 4성이기 때문에 4성인 不의 성조가 2성으로 변하여 不是 búshì가 되는 것도 기억해 주세요.

A: Nǐ shì Zhōngguórén ma?

你是中国人吗? 너는 중국인이니?

니↘ 스ⓡ↘ 쫑ⓡ→ 구어↗ 련ⓡ↗ 마?

B: Wǒ bú shì Zhōngguórén.

我不是中国人。 나는 중국인이 아니야.

워↘ 부↗ 스ⓡ↘ 쫑ⓡ→ 구어↗ 련ⓡ↗

생생 새단어

哪 nǎ
대 어느

国 guó
명 나라

人 rén
명 사람

美国人
Měiguórén
명 미국인

中国人
Zhōngguórén
명 중국인

1 하오 생생 패턴학습

我是 + A [국적(나라 사람)] 。

Wǒ shì

워↙ 스ⓡ↘

나는 ~이다

한국인 | 韩国人
Hánguórén
한↗ 구어↗ 런ⓡ↗

일본인 | 日本人
Rìběnrén
르ⓡ↘ 번↙ 런ⓡ↗

이탈리아인 | 意大利人
Yìdàlìrén
이↘ 따↘ 리↘ 런ⓡ↗

2 패턴응용 미니회화

A : Nǐ shì Rìběnrén ma?
你是日本人吗？ 너는 일본인이니?

B : Wǒ bú shì Rìběnrén.
我不是日本人。 나는 일본인이 아니야.

A : Nǐ shì nǎ guórén?
你是哪国人？ 너는 어느 나라 사람이니?

B : Wǒ shì Hánguórén.
我是韩国人。 나는 한국인이야.

중국어 Tip

那 nà '저것, 저 사람' / 哪 nǎ '어느?' / 哪儿 nǎr '어디?' 표현을 살펴 보면, 각각 단어의 발음과 모양 또한 비슷해 보입니다. 하지만 단어의 모양도 다르고, 성조와 의미 또한 다르기 때문에 주의해야 합니다.

너는 무슨 일을 하니?

A Nǐ zuò shénme gōngzuò?
你做什么工作? 너는 무슨 일을 하니?
니╰╯ 쭈어↘ 션ⓡ↗ 머 꽁→ 쭈어↘?

B Wǒ shì yǎnyuán.
我是演员。 나는 배우야.
워╰╯ 스ⓡ↘ 옌╰╯ 위엔↗

你做什么工作?

이 표현은 상대방의 직업을 물을 때 사용합니다. **做**는 '~을 만들다, ~(동작)을 하다'라는 뜻입니다. **工作**는 구체적인 동작인 '일하다'라는 동사 외에 명사로서 '일, 직업'이라는 뜻도 가지고 있어서, **什么+工作?** '무슨 일?'의 표현으로 직업을 물어봅니다. 이에 대한 대답은 동사 **是**를 이용하여 [**是** + 직업 명칭] 형태로 하면 됩니다.

Tā shì lǎoshī.
她是老师。 그녀는 선생님이에요.
타→ 스ⓡ↘ 라오╰╯ 스ⓡ→.

생생 새단어

做 zuò
동 하다
工作 gōngzuò
동 일하다,
명 일
演员 yǎnyuán
명 배우, 연기자

1 하오 생생 패턴학습

我是 Wǒ shì 워ᴗ 스ⓡ↘ + A [직업] 。

나는 ~이다

2 패턴응용 미니회화

A : Nǐ zuò shénme gōngzuò ?
你做什么工作？

B : 나는 회사원이야.

A : 너는 무슨 일을 하니?

B : Wǒ shì gōngsī zhíyuán.
我是公司职员。

중국어 Tip

工作 gōngzuò는 명사로 사용되기도 하지만, '일하다'라는 동사로도 활용할 수 있습니다.

A : 你工作吗？ Nǐ gōngzuò ma ? 너는 일을 하니?

B : 我不工作。我是学生。 wǒ bù gōngzuò. wǒ shì xuésheng. 나는 일을 하지 않아, 나는 학생이야.

xuésheng [명] 학생

1 응용회화

王明 Yīng ài, Nǐ qù nǎr?

英爱, 你去哪儿?

잉→ 아이↘, 니↘↗ 취↘ 날ⓡ↘↗?

英爱 ò, Wáng míng, Wǒ qù shūbā.

哦, 王明, 我去书吧。

오어↘, 왕↗밍↗, 워↘↗ 취↘ 수ⓡ→ 빠→.

王明 Zhè shì shéi?

这是谁?

쩌ⓡ↘ 스ⓡ↘ 쉐ⓡ이↗?

英爱 Zhè shì wǒ péngyou, jiào Shǐmìsī.

这是我朋友, 叫史密斯。

쩌ⓡ↘ 스ⓡ↘ 워↘↗ 펑↗여우, 찌아오↘ 스ⓡ↘↗ 미↘ 쓰→.

王明 Shǐmìsī! Nǐ shì nǎ guórén?

史密斯! 你是哪国人?

스ⓡ↘↗ 미↘ 쓰→! 니↘↗ 스ⓡ↘ 나↘↗ 구어↗ 런ⓡ↗?

史密斯 Wǒ shì Měiguórén.

我是美国人。

워↘↗ 스ⓡ↘ 메이↘↗ 구어↗ 런ⓡ↗.

王明 Nǐ zuò shénme gōngzuò?

你做什么工作?

니↘↗ 쭈어↘ 션ⓡ↗머 꽁→ 쭈어↘?

史密斯 Wǒ shì yǎnyuán.

我是演员。

워↘↗ 스ⓡ↘ 옌↘↗ 위엔↗.

중국어 TIP

哦는 '오!'라는 표현으로, 놀랐을 때 혹은 어떤 사실이나 상황을 깨달았을 때 사용하는 감탄사입니다.

哦! 她是你姐姐吗?

오! 그녀가 너의 누나라고?

ò! tā shì nǐ jiějie ma?

생생 새단어

哦 ò

조 오!, 어머! (놀람이나 감탄을 나타내는 조사)

2 말문트기 3단 문장연습

※ 소리를 들으며 따라해 보세요!

중국어로 따라하기	발음에 집중하여 따라하기	한자 모양에 집중하여 따라하기
왕밍 영애야, 너는 어디 가니?	Wáng Míng Yīng ài, Nǐ qù nǎr?	**王明** 英爱, 你去哪儿?
영애 오, 왕밍, 나는 북카페에 가.	Yīng ài ò, Wáng míng, Wǒ qù shūbā.	**英爱** 哦, 王明, 我去书吧。
왕밍 이 사람은 누구니?	Wáng Míng Zhè shì shéi?	**王明** 这是谁?
영애 이 사람은 내 친구야, 스미스라고 해.	Yīng ài Zhè shì wǒ péngyou, jiào Shǐmìsī.	**英爱** 这是我朋友， 叫史密斯。
왕밍 스미스! 너는 어느 나라 사람이니?	Wáng Míng Shǐmìsī! Nǐ shì nǎ guórén?	**王明** 史密斯! 你是哪国人?
스미스 나는 미국인이야.	Shǐmìsī Wǒ shì Měiguórén.	**史密斯** 我是美国人。
왕밍 너는 무슨 일을 하니?	Wáng Míng Nǐ zuò shénme gōngzuò?	**王明** 你做 什么工作?
스미스 나는 배우야.	Shǐmìsī Wǒ shì yǎnyuán.	**史密斯** 我是演员。

연습문제

1 녹음된 내용을 듣고, 성조를 표시해 보세요.

1) na guo ren

2) zhe

3) gong zuo

4) shei

5) shi

6) yan yuan

2 그림을 보고 빈칸에 알맞은 중국어 문장을 골라 대화를 완성해 보세요.

1) 너는 어디 가니?

ⓐ 你哪儿去?
Nǐ nǎr qù?

ⓑ 你去哪?
Nǐ qù nǎ?

ⓒ 你去哪儿?
Nǐ qù nǎr?

2) 이 사람은 누구야?

ⓐ 那是谁?
Nà shì shéi?

ⓑ 这是谁?
Zhè shì shéi?

ⓒ 这谁是?
Zhè shéi shì?

3 다음에 제시된 중국어 단어를 알맞은 어순으로 완성해 보세요.

1) 나는 중국인이 아니다.

是 我 中国人 不
shì Wǒ Zhōngguórén bú

[ ]

2) 너는 무슨 일을 하니?

做 工作 你 什么
zuò gōngzuò nǐ shénme

[ ]

3) 이 사람은 내 남편이야.

是 这 爱人 我
shì zhè àiren wǒ

[ ]

연습문제 정답

1 ① nǎguórén ② zhè ③ gōng zuò
④ shéi ⑤ shì ⑥ yǎn yuán

2 ⓒ 你去哪儿? Nǐ qù nǎr?
ⓑ 这是谁? Zhè shì shéi?

3 ① 我不是中国人 ② 你做什么工作? ③ 这是我爱人。

생생! VJ 중국 문화 여행

베이징의 명소

세계적인 관광 명소인 만리장성을 소개해 주세요.

중국에서는 '만리장성'을 **长城** Chángchéng이라고 부릅니다. 만리장성은 진시황이 중국을 통일한 후 북흉노족의 공격을 대비해 건설하였으며, 명나라 때에 몽골의 침입을 막기 위해 대대적으로 개보수하여 지금의 모습을 갖추게 되었습니다

만리장성의 여러 관광지 중에서 관광객들이 가장 많이 찾는 곳은 팔달령장성입니다. 이곳에는 케이블카와 봅슬레이 등을 설치하여 편의와 재미를 제공하고 있습니다. 1987년 유네스코 세계유산에도 등재된 만리장성은 인류 역사상 최대 규모의 건축물입니다.

자금성은 어떤 곳인가요?

'자금성' **紫禁城** Zǐjìnchéng은 황제가 살던 궁궐로, 베이징의 한가운데인 천안문 광장 북쪽에 위치한 세계 문화유산입니다. '자금성'이라는 이름은 옥황상제의 궁궐인 '자미원'과 '일반인에게는 금지된 구역'이라는 말에서 유래되었습니다. 중국에서는 친근하게 '고궁'이라고 부르기도 합니다. 영화 〈마지막 황제〉의 배경인 자금성은 최근 세계적인 문화 공연도 열리면서 중국인의 휴식과 문화의 장소로 이용되고 있습니다.

생생 여행중국어

베이징 명소 찾기

1. 말씀 좀 물을게요. 천안문은 먼가요?
   请问, 天安门远吗?
   Qǐngwèn, Tiān'ānmén yuǎn ma?
   칭↙ 원↘, 티엔→ 안→ 먼↗, 위엔↙ 마?

2. 저는 천안문에 가는데, 가까운가요?
   我去天安门, 近吗?
   Wǒ qù Tiān'ānmén, jìn ma?
   워↙ 취↘ 티엔→ 안→ 먼↗, 찐↘ 마?

3. 저는 한국인인데요, 만리장성은 어떻게 가요?
   我是韩国人, 长城怎么走?
   Wǒ shì hánguórén, Chángchéng zěnme zǒu?
   워↙ 스ⓡ↘ 한↗ 구어↗ 런ⓡ↗, 창↗ 청↗ 전↙ 머 저우↙↗?

핵심표현

DAY 1 **너는 여동생이 있니?**
你有妹妹吗？

DAY 2 **너희 집은 몇 식구야?**
你家有几口人？

DAY 3 **너희 언니는 나이가 어떻게 되니?**
你姐姐多大？

DAY 4 **이것은 우리 집의 가족사진이야.**
这是我家的全家福。

DAY 5 **응용회화**

너는 여동생이 있니?

A Nǐ yǒu mèimei ma?
你有妹妹吗?
니↗ 여우↗ 메이↘ 메이 마?
너는 여동생이 있니?

B Wǒ méiyǒu mèimei. wǒ yǒu dìdi.
我没有妹妹。我有弟弟。
워↗ 메이↗ 여우↗ 메이↘ 메이. 워↗ 여우↗ 띠↘디.
나는 여동생이 없어. 나는 남동생이 있어.

你有妹妹吗?

有는 '~(이)가 있다'라는 뜻의 동사로, 부정형은 不가 아닌 没를 붙여 没有 méi yǒu '~(이)가 없다'라고 표현해야 합니다. 문장 끝에 吗를 붙이면 의문문이 되고, 동사의 긍정형과 부정형을 나열하면 정반 의문문 형태가 됩니다.

A : Nǐ yǒuméiyǒu qián?
你有没有钱? 너는 돈이 있어, 없어?
니↗ 여우↗ 메이↗ 여우↗ 치엔↗?

B : Wǒ méiyǒu qián.
我没有钱。 나는 돈이 없어.
워↗ 메이↗ 여우↗ 치엔↗

생생 새단어

有 yǒu
동 ~(이)가 있다
没有 méiyǒu
동 ~(이)가 없다
妹妹 mèimei
명 여동생
弟弟 dìdi
명 남동생
钱 qián
명 돈

1 하오 생생 패턴학습

你有
Nǐ yǒu
니↗ 여우↘↗

너는
~(을 가지고) 있니?

+

+

吗？
ma？
마？

2 패턴응용 미니회화

A : 너는 남자 친구가 있니?

B : Wǒ méiyǒu nánpéngyou.
我没有男朋友。

A : Nǐ yǒu nánpéngyou ma？
你有男朋友吗？

B : 나는 남자 친구가 없어.

중국어 Tip

有 '~이 / 가 있다, ~을 / 를 가지고 있다'라는 뜻으로,
有가 술어로 쓰인 문장에서 목적어 자리에는 사람, 사물, 대상이 올 수 있습니다.

너희 집은 몇 식구야?

A Nǐ jiā yǒu jǐ kǒu rén?

你家有几口人?

니↘↗ 찌아→ 여우↘↗ 지↗ 커우↘↗ 런ⓡ↗?

너희 집은 몇 식구야?

B Wǒ jiā yǒu liù kǒu rén.

我家有六口人。

워↘↗ 찌아→ 여우↘↗ 리어우↘ 커우↘↗ 런ⓡ↗.

우리 가족은 여섯 식구야.

Bàba、māma、yíge jiějie、liǎng ge dìdi hé wǒ.

爸爸、妈妈、一个姐姐、两个弟弟和我。

빠↘ 바, 마→ 마, 이↗거 지에↘↗ 지에, 량↘↗ 거 띠↘ 디 흐어↗ 워↘↗.

아빠, 엄마, 언니 한 명, 남동생 두 명 그리고 나야.

你家有几口人?

식구 수를 묻는 표현으로, 几는 10 이하의 비교적 확실하지 않은 적은 수에 대해 질문할 때 사용하는 의문사입니다. 우리말의 '~식구, ~명, ~개' 표현처럼 사람이나 사물의 수를 나타내는 양사와 함께 사용하여 [几 + 양사 + 명사]로 질문하고, 답을 할 때는 几 자리에 숫자를 넣어 [숫자 + 양사 + 명사]로 표현하면 됩니다.

Wǒ jiā yǒu sì kǒu rén.

我家有四口人。 우리 가족은 네 식구야.

워↘↗ 찌아→ 여우↘↗ 쓰↘ 커우↘↗ 런ⓡ↗.

생생 새단어

家 jiā
명 집, 가정

几 jǐ
수 몇(수를 물어보는 의문사)

口 kǒu
양 명, 식구(가족 수를 세는 단위)

个 ge
양 개, 명

两 liǎng
수 2, 둘

和 hé
접 ~과(와)

1 하오 생생 패턴학습

你有几个 + A[명사] + ?

Nǐ yǒu jǐ ge

니↗ 여우↺ 지↺ 거

너는 몇 명/개의 ~을 (가지고) 있니?

2 패턴응용 미니회화

A : Nǐ yǒu jǐge shūbāo?

你有几个书包?

B : 나는 두 개의 책가방을 가지고 있어.

A : 너는 몇 개의 책가방을 가지고 있니?

B : Wǒ yǒu liǎng ge shūbāo.

我有两个书包。

중국어 Tip

① 0 ~ 10까지 중국어 숫자 표현을 알아봅시다.

零	一	二	三	四	五	六	七	八	九	十
líng	yī	èr	sān	sì	wǔ	liù	qī	bā	jiǔ	shí

② 숫자 '2'가 양사와 함께 쓰일 경우, 二이 아닌 两을 사용합니다. 우리나라에서도 숫자 '2'는 '이, 둘'이라고 말하죠. 이때 '이 개(2개), 이 명(2명)'이라고 안 하고 '두 개, 두 명'이라고 말하는 것을 떠올리면 됩니다.

너희 언니는 나이가 어떻게 되니?

A　Nǐ jiějie duō dà?

你姐姐多大?

니↗ 지에↘↗ 지에 뚜어→ 따↘?

너희 언니는 나이가 어떻게 되니?

B　Tā jīnnián èrshíbā suì.

她今年28岁。

타→ 찐→ 니엔↗ 얼ⓡ↘ 스ⓡ↗ 빠→ 쑤에이↘.

그녀는 올해 28살이야.

你姐姐多大?

의문 부사인 多 '얼마나'와 大 '(나이가) 많다'가 결합하여 '나이가 어떻게 되나요?'라는 뜻입니다. 보통 나이가 비슷한 경우에 쓰는 표현으로, 말하는 사람의 나이에 따라 나이를 묻는 표현이 달라집니다.

❶ 연소자의 나이를 물을 때

你今年几岁？ Nǐ jīnnián jǐ suì? 너는 올해 몇 살이니?

❷ 연장자의 나이를 물을 때

您今年多大年纪？ Nín jīnnián duō dà niánjì?

당신은 올해 연세가 어떻게 되세요?

생생 새단어

多 duō
부 얼마나
형 많다

大 dà
형 나이가 많다, (부피·면적 등이) 크다

今年 jīnnián
명 올해

岁 suì
명 살, 세

儿子 érzi
명 아들

年纪 niánjì
명 연세, 나이

A：Nǐ érzi jǐ suì?

你儿子几岁？ **너희 아들은 몇 살이니?**

니↘↗ 얼ⓡ즈↗ 지↘↗ 쑤에이↘?

B：Tā jīnnián jiǔ suì.

他今年九岁。 **그는 올해 9살이야.**

타→ 찐→ 니엔↗ 지어우↘↗ 쑤에이↘.

1 하오 생생 패턴학습

他今年 +

Tā jīnnián

타→ 찐→ 니엔↗

그는 올해
~살(세)이다

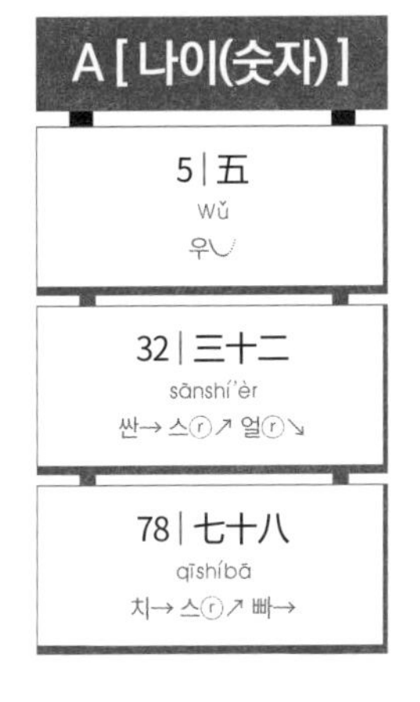

+ 岁。

suì

쑤에이↘.

2 패턴응용 미니회화

A : Nǐ bàba duō dà niánjì?
  你爸爸多大年纪?

B : 그는 올해 78세이셔.

A : 너희 아빠는 연세가 어떻게 되시니?

B : Tā jīnnián qīshíbā suì.
  他今年七十八岁。

중국어 Tip

① 중국어로 10 이상의 두 자리 숫자를 말할 때는 한국어처럼 순서대로 말하면 됩니다.

十一	十二	二十	二十一	三十
11(shíyī)	12(shí'èr)	20(èrshí)	21(èrshíyī)	30(sānshí)

② 一 yī 뒤에 1성, 2성, 3성의 글자가 오는 경우, 1성에서 4성으로 성조가 변합니다. 一千 yìqiān 천(1,000) / 一年 yìnián 일 년 / 一百 yì bǎi 백(100). 또한, 一 yī 뒤에 4성 혹은 4성이 변한 경성의 글자가 오는 경우 2성으로 성조가 변합니다. 一万 yíwàn 만(10,000) / 一个 yí ge 한 개, 한 명

이것은 우리 집의 가족사진이야.

A Zhè shì Wǒ jiā de quánjiāfú.
这是我家的全家福。
쩌↘ 스ⓡ↘ 워◡ 찌아→ 더 취엔↗ 찌아→ 푸ⓤ↗.
이것은 우리 집의 가족사진이야.

B Zhè shì nǐ gēge ma? Tā zhēn shuài.
这是你哥哥吗？ 他真帅！
쩌↘ 스ⓡ↘ 니◡ 끄어→ 그어 마? 타→ 쩐ⓡ→ 수ⓡ아이↘!
이 사람은 너희 형이니? 그는 정말 멋지다!

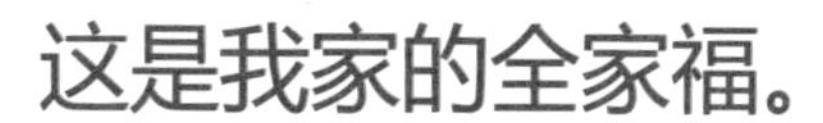

这是我家的全家福。

'~의'라는 뜻의 관형어를 만드는 구조 조사 **的** de를 사용해 '우리 집의 가족사진'을 **我家的全家福**, '그의 휴대폰'을 **他的手机**라고 표현합니다. 이때, **的** 뒤에 오는 명사가 가족, 친척, 친구, 소속 단체일 경우에는 **的**을 생략할 수 있습니다.

的 생략하는 경우

你哥哥 nǐ gēge 너네 오빠 / **我朋友** wǒ péngyou 나(의) 내 친구 / **我家** wǒ jiā 나, 우리(의) 집, **我们公司** wǒmen gōngsī 우리(의) 회사, **我们学校** wǒmen xuéxiào 우리(의) 학교
이때, 누구의 것인지 물어보려면 의문사 **谁**를 활용하여 물어볼 수 있습니다.

> Zhè shì shéi de shǒujī?
> 这是谁的手机? 이것은 누구의 휴대폰이니?
> 쩌ⓡ↘ 스ⓡ↘ 쉐ⓡ이↗ 더 셔ⓡ우◡ 찌→

생생 새단어

的 de
[조] ~의

全家福 quánjiāfú
[명] 가족사진

哥哥 gēge
[명] 형, 오빠

真 zhēn
[부] 참으로, 정말로

帅 shuài
[형] 잘생기다, 멋지다

公司 gōngsī
[명] 회사

学校 xuéxiào
[명] 학교

1 하오 생생 패턴학습

这是我的
Zhè shì wǒ de
쩌ⓡ↘ 스ⓡ↘ 워◡ 더
이것은 나의 ~이다

\+

。

2 패턴응용 미니회화

A : Zhè shì shéi de zìxíngchē ?
这是谁的自行车?

B : 이것은 나의 자전거야.

A : 이것은 누구의 자전거니?

B : Zhè shì wǒ de zìxíngchē.
这是我的自行车。

중국어 Tip

지시 대명사 这는 가까이에 있는 어떤 사물이나 사람을, 那는 멀리 있는 어떤 사물이나 사람을 가리키고, 哪는 '어느'라는 뜻으로, 여러 가지 중 하나를 선택하여 물을 때 사용하는 의문사입니다. 이때, 각각의 단어에 儿 er을 붙여 얼화를 하면 장소를 나타내는 표현이 됩니다.

这(个) zhège 이, 이것, 이 사람(가깝다) 这儿 zhèr 이곳, 여기
那(个) nàge 저, 저것, 저 사람(멀다) 那儿 nàr 저곳, 저기
哪(个) nǎge 어느 것? 哪儿 nǎr 어디?

1 응용회화

史密斯 Nǐ yǒu mèimei ma?

你有妹妹吗?

니↗여우↘ 메이↘ 메이 마?

英爱 Wǒ méiyǒu mèimei. wǒ yǒu dìdi.

我没有妹妹。我有弟弟。

워↘ 메이↗ 여우↘ 메이↘ 메이. 워↗ 여우↘ 띠↘ 디.

史密斯 Nǐ jiā yǒu jǐkǒu rén?

你家有几口人?

니↘ 찌아→ 여우↘ 지↗ 커우↘ 런ⓡ↗?

英爱 Wǒ jiā yǒu liùkǒu rén. bàba、māma、

我家有六口人。爸爸、妈妈、

워↘ 찌아→ 여우↘ 리어우↘ 커우↘ 런ⓡ↗. 빠↘ 바, 마→ 마,

yí ge jiějie、liǎng ge dìdi hé wǒ.

一个姐姐、两个弟弟和我。

이↗ 거 지에↘ 지에, 량↘ 거 띠↘ 디 흐어↗ 워↘.

史密斯 Nǐ jiějie duōdà?

你姐姐多大?

니↗ 지에↘ 지에 뚜어→ 따↘?

英爱 Tā jīnnián èrshíbā suì. nǐ jiā ne?

她今年28岁。你家呢?

타→ 찐→ 니엔↗ 얼ⓡ↘ 스ⓡ↗ 바→ 쑤에이↘. 니↘ 찌아→ 느어?

史密斯 Wǒ jiā yǒu sì kǒu rén. Zhè shì Wǒjiā de quánjiāfú.

我家有四口人。这是我家的全家福。

워↘ 찌아→ 여우↘ 쓰↘ 커우↘ 런ⓡ↗. 쩌ⓡ↘ 스ⓡ↘ 워↘ 찌아→ 더 취엔↗ 찌아→ 푸ⓕ↗.

英爱 Zhè shì nǐ gēge ma? Tā zhēn shuài!

这是你哥哥吗? 他真帅!

쩌ⓡ↘ 스ⓡ↘ 니↘ 끄어→ 그어 마? 타→ 쩐→ 수ⓡ아이↘!

2 말문트기 3단 문장연습

※ 소리를 들으며 따라해 보세요!

중국어로 따라하기	발음에 집중하여 따라하기	한자 모양에 집중하여 따라하기
스미스 너는 여동생이 있니?	Shǐmìsī Nǐ yǒu mèimei ma?	**史密斯** 你有妹妹吗?
영애 나는 여동생이 없어. 나는 남동생이 있어.	Yīng ài Wǒ méiyǒu mèimei. wǒ yǒu dìdi.	**英爱** 我没有妹妹。 我有弟弟。
스미스 너희 집은 몇 식구야?	Shǐmìsī Nǐ jiā yǒu jǐkǒu rén?	**史密斯** 你家有几口人?
영애 우리 가족은 여섯 식구야. 아빠, 엄마, 언니 한 명, 남동생 두 명 그리고 나야.	Yīng ài Wǒ jiā yǒu liùkǒu rén. bàba, māma, yí ge jiějie, liǎng ge dìdi hé wǒ.	**英爱** 我家有六口人。 爸爸、妈妈、一个姐姐、 两个弟弟和我。
스미스 너희 언니는 나이가 어떻게 되니?	Shǐmìsī Nǐ jiějie duōdà?	**史密斯** 你姐姐 多大?
영애 그녀는 올해 28살이야. 너희 가족은?	Yīng ài Tā jīnnián èrshíbā suì. nǐ jiā ne?	**英爱** 她今年28岁。 你家呢?
스미스 우리 가족은 네 식구야. 이것은 우리 집의 가족사진이야.	Shǐmìsī Wǒ jiā yǒu sì kǒu rén. Zhè shì Wǒjiā de quánjiāfú.	**史密斯** 我家有四口人。 这是我家的 全家福。
영애 이 사람은 너희 형이니? 그는 정말 멋지다!	Yīng ài Zhè shì nǐ gēge ma? Tā zhēn shuài!	**英爱** 这是你哥哥吗? 他真帅!

연습문제

1 녹음된 내용을 듣고, 성조를 표시해 보세요.

1) mei you
2) jin nian
3) quan jia fu
4) duo da
5) di di
6) ji sui

2 그림을 보고 빈칸에 알맞은 중국어 문장을 골라 대화를 완성해 보세요.

1) 너희 집은 몇 식구니?

ⓐ 你家几口人？
Nǐ jiā jǐkǒu rén?

ⓑ 你家有几口人？
Nǐ jiā yǒu jǐkǒu rén?

ⓒ 你家有几口？
Nǐ jiā yǒu jǐkǒu?

2) 나는 여동생이 없어.

ⓐ 我不有妹妹。
Wǒ bù yǒu mèimei.

ⓑ 我没有妹妹。
Wǒ méiyǒu mèimei.

ⓒ 我妹妹没有。
Wǒ mèimei méiyǒu.

3 다음에 제시된 중국어 단어를 알맞은 어순으로 완성해 보세요.

1) 너는 몇 명의 아이가 있니?

有	个	孩子	你	几
yǒu	ge	háizi	nǐ	jǐ

[ ]

2) 이것은 나의 컴퓨터야.

我	的	是	电脑	这
wǒ	de	shí	diànnǎo	zhè

[ ]

3) 나는 두 개의 책가방이 있어.

两	有	我	书包	个
liǎng	yǒu	wǒ	shūbāo	ge

[ ]

연습문제 정답

1 ① méi yǒu ② jīn nián ③ quánjiāfú
④ duō dà ⑤ dì di ⑥ jǐ suì

2 ⓑ 你家有几口人? Nǐ jiā yǒu jǐkǒu rén?
ⓑ 我没有妹妹。Wǒ méiyǒu mèimei.

3 ① 你有几个孩子? ② 这是我的电脑。③ 我有两个书包。

생생! VJ 중국 문화 여행

중국의 숫자 문화

숫자는 나이, 시간, 가격 등 여러 표현에 사용됩니다. 우리나라도 특정 숫자에 의미를 부여하듯이 중국인들도 숫자에 아주 민감하다고 하는데, 중국의 숫자 문화를 살펴볼까요?

중국인들이 좋아하는 숫자

중국인들은 대부분 한자와 발음이 비슷한 숫자에 의미를 부여해서 좋고 싫음을 나타냅니다. 한국인들이 3과 7을 좋아하는 반면, 중국인들은 8을 좋아합니다. 그 이유는 숫자 8의 발음인 八 bā가 '돈을 벌다, 재산을 모으다'라는 뜻의 发财 fācái의 发 fā 와 발음이 비슷하기 때문이죠. 그들은 숫자 6도 특별하게 생각하는데, 六 liù의 발음이 '유창하다, 순조롭다'의 流 liú와 유사하기 때문이라고 합니다. '오래다, 장수하다'라는 久 jiǔ와 발음이 같은 숫자 9 九 jiǔ 역시 중국인들이 좋아하는 숫자 중 하나입니다.

중국인들이 싫어하는 숫자

중국인들도 우리나라와 같은 이유로 숫자 4를 싫어합니다. 숫자 4 四 sì의 발음이 '죽다'라는 뜻의 死 sǐ와 비슷하기 때문이죠. 반면 행운의 숫자로 여겨지는 숫자 7도 七 qī의 발음이 '화가 나다' 의미의 生气 shēngqì의 气 qì와 비슷해서 중국에서는 싫어하는 숫자 중 하나라고 합니다.

휴대폰이나 채팅할 때 숫자의 의미

521 我爱你 wǒ ài nǐ 사랑해, 530 我想你 wǒ xiǎng nǐ 보고 싶어, 687 对不起 duì bu qǐ 미안해, 886 拜拜了 bài bài le 안녕(bye bye).

생생 여행중국어

길거리 노점에서 주문하기

1. 이거 한 개요. (이거 한 개 주세요.)
   这个一个。
   Zhège yíge.
   쩌↘ 거 이↗ 거.

2. 저거 두 잔이요. (저거 두 잔 주세요.)
   那个两杯。
   Nàge liǎngbēi.
   나↘ 거 량∨ 뻬이→.

3. 모두 여섯 잔이요.
   一共六杯。
   Yígòng liùbēi.
   이↗ 꽁↘ 리어우↘ 뻬이→.

핵심표현

WEEK 3 **너는 어느 나라 사람이니?**
你是哪国人？

WEEK 4 **너희 집은 몇 식구야?**
你家有几口人？

생생패턴 1 나는 북카페에 가.

我去 (Wǒ qù) + A (장소 목적어) : 나는 A 를 간다

식당 食堂 shítáng | 공원 公园 gōngyuán | 사무실 办公室 bàngōngshì

STEP 1 한국어를 중국어로 말해 보세요.

(1) 나는 식당에 간다.

(2) 나는 공원에 간다.

(3) 나는 사무실에 간다.

STEP 2 듣고 따라 읽으며 빈칸에 알맞는 단어를 써 보세요.

(1) 我去 ______ 。

(2) 我 ______ 公园。

(3) 我去 ______ 。

1 食堂
2 去
3 办公室

생생패턴 2 이 사람은 내 친구야.

这 / 那是 (Zhè Nàshì) + A (사람 / 사물 목적어) : 이것, 이 사람 / 저것, 저 사람은 A 이다

학교 친구 同学 tóngxué | 방 친구, 룸메이트 同屋 tóngwū | 배우자(남편 또는 아내) 爱人 àiren

STEP 1 한국어를 중국어로 말해 보세요.

(1) 이 사람은 학교 친구야.

(2) 저 사람은 룸메이트야.

(3) 이 사람은 남편이야

STEP 2 듣고 따라 읽으며 빈칸에 알맞는 단어를 써 보세요.

(1) 这是 ______ 。

(2) ______ 是同屋。

(3) ______ 是 爱人。

1 同学
2 那
3 这

생생패턴 3 나는 미국인이야.

我是 Wǒ shì + A 국적 : 나는 A 이다.

한국인 韩国人 Hánguórén | 일본인 日本人 Rìběnrén | 이탈리아인 意大利人 Yìdàlìrén

STEP 1 한국어를 중국어로 말해 보세요.

(1) 나는 한국인이야

(2) 나는 일본인이야.

(3) 나는 이탈리아인이야.

STEP 2 듣고 따라 읽으며 빈칸에 알맞는 단어를 써 보세요.

(1) 我是 ______ 。

(2) 我是 ______ 。

(3) 我 ______ 意大利人。

1 韩国人
2 日本人
3 是

생생패턴 4 나는 배우야.

我是 Wǒ shì + A 직업 : 나는 A 이다.

회사원 公司职员 gōngsī zhíyuán | 가수 歌手 gēshǒu | 요리사 厨师 chúshī

STEP 1 한국어를 중국어로 말해 보세요.

(1) 나는 회사원이다.

(2) 나는 가수이다.

(3) 나는 요리사이다.

STEP 2 듣고 따라 읽으며 빈칸에 알맞는 단어를 써 보세요.

(1) 我是 ______ 。

(2) ______ 是歌手。

(3) 我是 ______ 。

1 公司职员
2 我
3 厨师

WEEK 4 너희 집은 몇 식구야?

생생패턴 1 너는 여동생이 있니?

你有 (Nǐ yǒu) + A (사람 / 사물) + 吗 (ma) : 너는 A (을 가지고) 있니?

남자 친구 **男朋友** nánpéngyou | 여자 친구 **女朋友** nǚpéngyou | 휴대폰 **手机** shǒujī

STEP 1 한국어를 중국어로 말해 보세요.

(1) 너는 남자 친구가 있니?

(2) 너는 여자 친구가 있니?

(3) 너는 휴대폰 있니?

STEP 2 듣고 따라 읽으며 빈칸에 알맞는 단어를 써 보세요.

(1) 你有 ______ 吗？

(2) 你 ______ 女朋友吗？

(3) 你有 ______ 吗？

1 男朋友
2 有
3 手机

생생패턴 2 너희 집은 몇 식구야?

你有几个 (Nǐ yǒu jǐ ge) + A (명사) ? : 너는 몇 명/개의 A 를 (가지고) 있니?

아이 **孩子** háizi | 딸 **女儿** nǚ'ér | 책가방 **书包** shūbāo

STEP 1 한국어를 중국어로 말해 보세요.

(1) 너는 몇 명의 아이가 있니?

(2) 너는 몇 명의 딸이 있니?

(3) 너는 몇 개의 책가방이 있니?

STEP 2 듣고 따라 읽으며 빈칸에 알맞는 단어를 써 보세요.

(1) 你有几个 ______ ？

(2) 你有 ______ 女儿？

(3) 你有几个 ______ ？

1 孩子
2 几个
3 书包

생생패턴 3 그녀는 올해 28살이야.

他今年 Tā jīnnián + A 나이(숫자) + 岁 suì : 그는 올해 A 살(세)이다

5 五 Wǔ | 32 三十二 sānshí'èr | 78 七十八 qīshíbā

STEP 1 한국어를 중국어로 말해 보세요.

(1) 그는 올해 5살이다.

(2) 그는 올해 32살이다.

(3) 그는 올해 78세이시다.

STEP 2 듣고 따라 읽으며 빈칸에 알맞는 단어를 써 보세요.

(1) 他今年五 ______ 。

(2) 他 ______ 三十二岁。

(3) 他今年 ______ 岁。

1 岁
2 今年
3 七十八

생생패턴 4 이것은 우리 집의 가족사진이야.

这是我的 Zhè shì wǒ de + A 명사 : 이것은 나의 A 이다

컴퓨터 电脑 diànnǎo | 자전거 自行车 zìxíngchē | 옷 衣服 yīfu

STEP 1 한국어를 중국어로 말해 보세요.

(1) 이것은 나의 컴퓨터이다.

(2) 이것은 나의 자전거이다.

(3) 이것은 나의 옷이다.

STEP 2 듣고 따라 읽으며 빈칸에 알맞는 단어를 써 보세요.

(1) 这是我的 ______ 。

(2) 这是我 ______ 自行车。

(3) 这是我的 ______ 。

1 电脑
2 的
3 衣服

핵심표현

DAY 1 **지금 몇 시야?**
现在几点？

DAY 2 **너는 몇 시에 퇴근하니?**
你几点下班？

DAY 3 **우리 7시에 저녁 먹는 거, 어때?**
我们七点吃晚饭，好吗？

DAY 4 **나는 스파게티를 먹고 싶어.**
我想吃意大利面。

DAY 5 **응용회화**

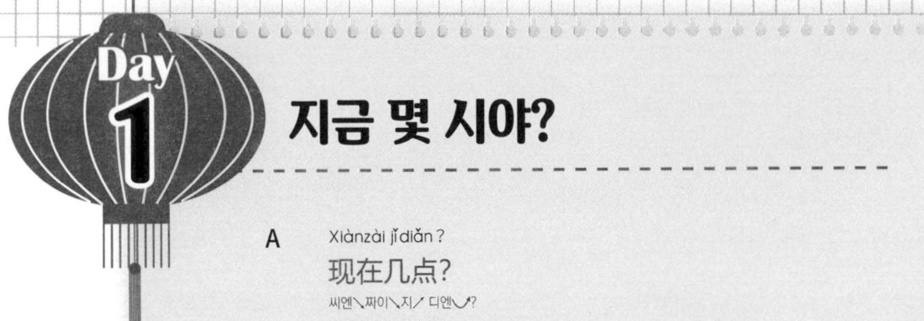

지금 몇 시야?

A Xiànzài jǐdiǎn?

现在几点?

씨엔↘짜이↘지↗ 디엔↘↗?

지금 몇 시야?

B Xiàn zài yīdiǎnshí wǔfēn.

现在一点十五分。

씨엔↘ 짜이↘ 이→ 디엔↘↗ 스ⓡ↗ 우↘↗ 펀ⓕ→

지금 1시 15분.

现在几点?

현재 시간을 물어보는 표현으로, 간단하게 **几点?** '몇 시예요?'라고 물어봐도 됩니다. 시간을 표현할 때 '시'는 [숫자 + **点**], '분'은 [숫자 + **分**]으로, 큰 단위부터 차례대로 말합니다. 이때, '2시'는 반드시 **两点** liǎngdiǎn이라고 해야 하고, '15분'은 **一刻** yíkè, '45분'은 **三刻** sānkè라고 표현할 수 있습니다.

> Xiànzài liǎngdiǎn yíkè.
>
> 现在两点一刻。
>
> 시엔↘짜이↘ 량↗디엔↘↗ 이↗크어↘
>
> 지금은 2시 15분이에요.

생생 새단어

现在 xiànzài
명 지금, 현재, 이제

几 jǐ
수 몇

点 diǎn
양 시

分 fēn
양 분

两 liǎng
수 둘

一刻 yíkè
명 15분

1 하오 생생 패턴학습

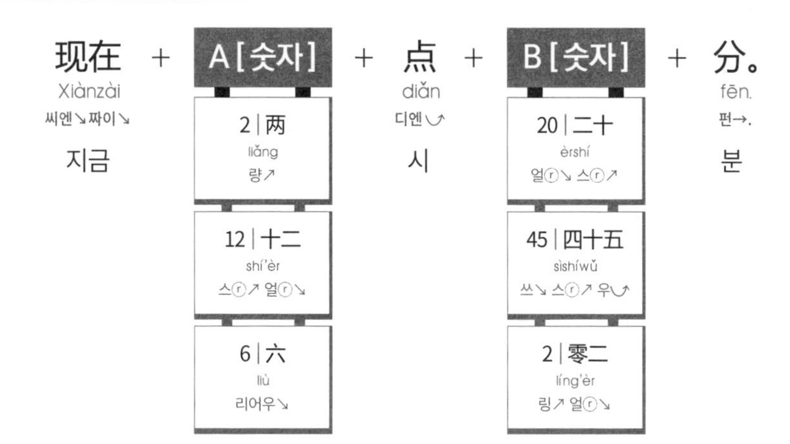

2 패턴응용 미니회화

A : Xiànzài jǐdiǎn?

现在几点?

B : 지금 12시 45분이야.

A : 지금 몇 시야?

B : Xiànzài shí'èr diǎn sìshíwǔfēn.

现在十二点四十五分。

중국어 Tip

① 1~9분은 숫자 앞에 '0' 零 líng를 함께 사용하거나 생각해도 됩니다.

② '45분'은 三刻 sānkè라고 표현할 수도 있습니다.

现在十二点三刻。 Xiànzài shí'èrdiǎn sānkè. 지금은 12시 45분입니다.

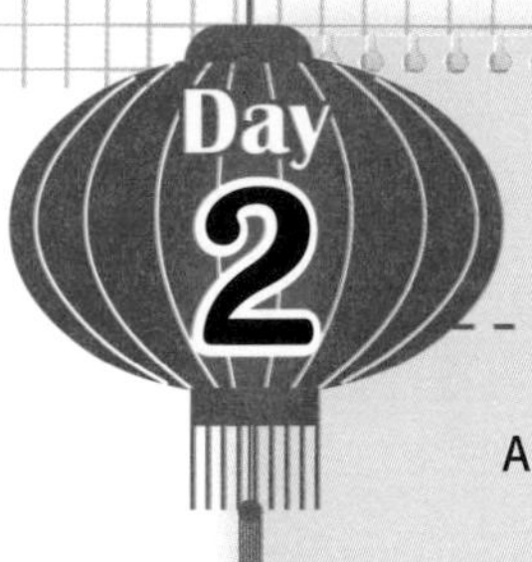

너는 몇 시에 퇴근하니?

A　Nǐ jǐdiǎn xiàbān?

你几点下班?

니╲╱ 지╱ 디엔╲╱ 씨아╲ 빤→

너는 몇 시에 퇴근하니?

B　Wǒ liùdiǎn bàn xiàbān.

我六点半下班。

워╲╱ 리어우╲ 디엔╲╱ 빤╲ 씨아╲ 빤→

나는 6시 반에 퇴근해.

你几点下班?

어떤 행동을 하는 시간을 묻고 답할 때는 [시간 표현 + 동작 표현] 순서로 말합니다. 또한 우리말에서 30분을 숫자 그대로 '삼십분' **三十分** sānshífēn 혹은 '반'이라고 말하는 것처럼 중국어에서도 30분을 **半** bàn이라고 표현합니다.

A： Nǐ jǐdiǎn shàngbān?

你几点上班? 너는 몇 시에 출근해?

니╲╱ 지╱ 디엔╲╱ 샹ⓡ╲ 빤→?

B： Wǒ bādiǎn sānshífēn shàngbān.

我八点三十分上班。 나는 8시 30분에 출근해.

워╲╱ 빠→ 디엔╲╱ 싼→ 스ⓡ╱ 펀ⓕ→ 샹ⓡ╲ 빤→

생생 새단어

下班 xiàbān
동 퇴근하다

半 bàn
수 반, 절반

上班 shàngbān
동 출근하다

1 하오 생생 패턴학습

你几点 + A[동사] + ?

Nǐ jǐ diǎn
니↘ 지↗ 디엔↘↗
너는 몇 시에

일어나다 | 起床
qǐchuáng
치↘ 추ⓡ앙↗

잠자다 | 睡觉
shuìjiào
슈ⓡ에이↘ 찌아오↘

밥 먹다 | 吃饭
chīfàn
츠ⓡ→ 판ⓕ↘

2 패턴응용 미니회화

A : Nǐ jǐdiǎn qǐchuáng?
你几点起床?

B : 나는 5시 50분에 일어나.

A : 너는 몇 시에 일어나니?

B : Wǒ wǔdiǎn wǔshífēn qǐchuáng.
我五点五十分起床。

중국어 Tip

중국어로 '몇 시 몇 분 전'을 표현할 때는 '모자라다, 부족하다'라는 뜻의 差 chà를 사용하여 [差 + ~分(분) + ~点(시)]이라고 하면 됩니다. 순서를 꼭 기억해 주세요.

现在差十分六点。 Xiànzài chà shífēn liùdiǎn. 지금은 6시 10분 전이야. (5시 50분)

我差十分六点起床。 Wǒ chà shífēn liùdiǎn qǐchuáng. 나는 6시 10분 전에 일어나. (5시 50분)

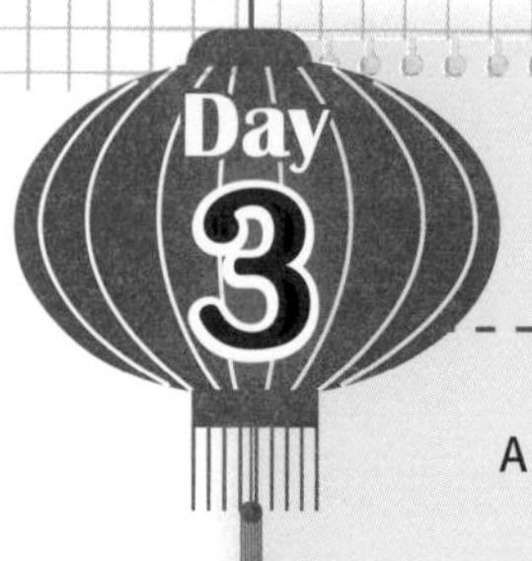

우리 7시에 저녁 먹는 거, 어때?

A　Wǒmen qīdiǎn chī wǎnfàn, hǎo ma?
我们七点吃晚饭, 好吗?
워╰╯ 먼 치→ 디엔╰↗ 츠ⓡ→ 완╰╯ 판ⓡ↘, 하오╰╯ 마
우리 7시에 저녁 먹는 거, 어때?

B　Hǎo de.
好的。
하오╰╯ 더
좋아.

我们七点吃晚饭, 好吗?

상대방에게 가볍게 동의를 구하거나 의견을 물을 때 사용하는 표현으로, 앞에 오는 평서문에 **好吗?**를 붙여 의문문을 만듭니다. ~, **好吗?** 대신 ~, **好不好?** 또는 의문사를 활용하여 ~, **怎么样?** zěnmeyàng**?**라고 물어보기도 합니다.

> Wǒmen qīdiǎn kàn diànyǐng, hǎo bu hǎo?
> 我们七点看电影, 好不好?
> 워╰╯ 먼 치→ 디엔╰↗ 칸↘ 띠엔↘ 잉╰↗, 하오╰╯ 뿌 하오╰↗?
> 우리 7시에 영화 보는 거, 어때?

생생 새단어

晚饭 wǎnfàn
명 저녁식사
电影 diànyǐng
명 영화
怎么样
zěnmeyàng
대 어떠하다, 어떠하니?

1 하오 생생 패턴학습

我们七点
Wǒmen qīdiǎn
워◡ 먼 치→ 디엔◡↗
우리 7시에

\+

A [동작]

아침 먹다 | 吃早饭
chī zǎofàn
츠ⓡ→ 자오◡ 판ⓕ↘

공부하다 | 学习
xuéxí
쉐↗ 시↗

커피 마시다 | 喝咖啡
hē kāfēi
흐어→ 카→ 페이ⓕ→

\+

好吗?
hǎo ma?
하오◡ 마
어때?

2 패턴응용 미니회화

A : 우리 7시에 공부하는 거, 어때?

B : Hǎo de.
好的。

A : Wǒmen qīdiǎn xuéxí, hǎo ma?
我们七点学习, 好吗?

B : 좋아.

중국어 Tip

~, 好吗? 라고 물었을 때, 대답은 好에 긍정의 어기를 표현하는 的을 붙여 好的라고 하거나 감탄을 나타내는 啊를 붙여 好啊라고 할 수도 있습니다. '안 된다'라는 부정의 표현은 不行 bùxíng라고 하면 됩니다.

나는 스파게티를 먹고 싶어

A Nǐ xiǎng chī shénme?
你想吃什么?
니↗ 시앙↘↗ 츠ⓡ→ 션ⓡ↗ 머
너는 뭐 먹고 싶어?

B Wǒ xiǎng chī Yìdàlì miàn.
我想吃意大利面。
워↗ 시앙↘↗ 츠ⓡ→ 이↘ 따↘ 리↘ 미엔↘
나는 스파게티를 먹고 싶어.

我想吃意大利面。

想은 '생각하다, 그리워하다'라는 뜻을 가지고 있습니다. [想 + 동사]처럼 조동사로 쓰일 때는 '~하고 싶다'라는 바람이나 소망을 표현합니다.

A: Nǐ xiǎng hē shénme?
你想喝什么? 너는 뭐 마시고 싶어?
니↗ 시앙↘↗ 흐어→ 션ⓡ↗ 머?

B: Wǒ xiǎng hē měi shì kāfēi
我想喝美式咖啡。 나는 아메리카노 마시고 싶어.
워↗ 시앙↘↗ 흐어→ 메이↘↗ 스ⓡ↘ 카→ 페ⓕ이→

생생 새단어

想 xiǎng
조 ~하고 싶다
意大利面
Yìdàlì miàn
명 스파게티
美式咖啡
Měi shì kāfēi
명 아메리카노

1 하오 생생 패턴학습

我想吃 +

Wǒ xiǎng chī

워↗ 시앙◡ 츠ⓡ→

나는 먹고 싶어

。

2 패턴응용 미니회화

A : Nǐ xiǎng chī shénme?

你想吃什么?

B : 나는 훠궈를 먹고 싶어.

A : 너는 뭐 먹고 싶니?

B : Wǒ xiǎng chī huǒguō.

我想吃火锅。

중국어 Tip

조동사 想의 부정형 표현은 不想 bùxiǎng를 사용하고, 질문은 문장 끝에 吗? 를 붙이거나 [想不想 + 동사?] 형태의 정반 의문문으로도 물어볼 수 있습니다.

A : 你想不想吃汉堡包? Nǐ xiǎng bu xiǎng chī hànbǎobāo? 너는 햄버거 먹고 싶니?

B : 我不想吃汉堡包。 Wǒ bùxiǎng chī hànbǎobāo. 나는 햄버거 안 먹고 싶어.

1 응용회화

史密斯 Xiànzài jǐdiǎn?

现在几点?

씨엔↘ 짜이↘ 지↗ 디엔∨?

英爱 Xiànzài yīdiǎnshíwǔfēn.

现在一点十五分。

씨엔↘ 짜이↘ 이→ 디엔∨ 스ⓡ↗ 우∨ 펀ⓕ→.

史密斯 Nǐ jǐdiǎn xiàbān?

你几点下班?

니∨ 지↗ 디엔∨ 씨아↘ 빤→?

英爱 Wǒ liùdiǎn bàn xiàbān.

我六点半下班。

워∨ 리어우↘ 디엔∨ 빤↘ 씨아↘ 빤→.

史密斯 Wǒmen qīdiǎn chī wǎnfàn, hǎo ma?

我们七点吃晚饭, 好吗?

워∨ 먼 치→ 디엔∨ 츠ⓡ→ 완∨ 판ⓕ↘, 하오∨ 마?

英爱 Hǎo de.

好的。

하오∨ 더.

史密斯 Nǐ xiǎng chī shénme?

你想吃什么?

니↗ 시앙∨ 츠ⓡ→ 션ⓡ↗ 머?

英爱 Wǒ xiǎng chī Yìdàlì miàn.

我想吃意大利面。

워↗ 시앙∨ 츠ⓡ→ 이↘ 따↘ 리↘ 미엔↘.

2 말문트기 3단 문장연습

※ 소리를 들으며 따라해 보세요!

중국어로 따라하기	발음에 집중하여 따라하기	한자 모양에 집중하여 따라하기
스미스 지금 몇 시야?	Shǐmìsī Xiànzài jǐdiǎn?	史密斯 现在几点?
영애 지금 1시 15분.	Yīng ài Xiànzài yìdiǎnshíwǔfēn.	英爱 现在一点十五分。
스미스 넌 몇 시에 퇴근해?	Shǐmìsī Nǐ jǐdiǎn xiàbān?	史密斯 你几点下班?
영애 나는 6시 반에 퇴근해.	Yīng ài Wǒ liùdiǎn bàn xiàbān.	英爱 我六点半下班。
스미스 우리 7시에 저녁 먹는 거, 어때?	Shǐmìsī Wǒmen qīdiǎn chī wǎnfàn, hǎo ma?	史密斯 我们七点 吃晚饭, 好吗?
영애 좋아.	Yīng ài Hǎo de.	英爱 好的。
스미스 너는 뭐 먹고 싶어?	Shǐmìsī Nǐ xiǎng chī shénme?	史密斯 你想吃什么?
영애 나는 스파게티를 먹고 싶어.	Yīng ài Wǒ xiǎng chī Yìdàlì miàn.	英爱 我想吃意大利面。

연습문제

1 녹음된 내용을 듣고, 성조를 표시해 보세요.

1) xianzai
2) qi chuang
3) xia ban
4) ji dian
5) wan fan
6) yi ke

2 그림을 보고 빈칸에 알맞은 중국어 문장을 골라 대화를 완성해 보세요.

1) 지금 2시 15분이야.

ⓐ 现在二点十五分。
Xiànzài èrdiǎnshíwǔfēn.

ⓑ 现在两点一刻。
Xiànzài liǎngdiǎn yíkè.

ⓒ 两点十五分现在。
Liǎngdiǎnshíwǔfēn xiànzài.

2) 나는 7시 45분에 출근해.

ⓐ 我上班七点四十五分。
Wǒ shàngbān qīdiǎnsìshíwǔfēn.

ⓑ 我上班七点三刻。
Wǒ shàngbān qīdiǎn sān kè.

ⓒ 我七点三刻上班。
Wǒ qīdiǎn sān kè shàngbān.

3 다음에 제시된 중국어 단어를 알맞은 어순으로 완성해 보세요.

1) 나는 2시 반에 공부한다.

半 我 学习 两点
bān wǒ xuéxí liǎngdiǎn

[ ]

2) 너는 햄버거 먹고 싶니?

吃 吗 想 汉堡包 你
cha ma xiǎng hànbǎobāo nǐ

[ ]

3) 나는 저녁 먹고 싶지 않아.

晚饭 吃 不 我 想
wǎnfàn chī bù wǒ xiǎng

[ ]

연습문제 정답

1 ① xiàn zài ② qǐ chuáng ③ xià bān
④ jǐ diǎn ⑤ wǎnfàn ⑥ yí kè

2 ⓒ 现在两点一刻。 Xiànzài liǎngdiǎn yíkè.
ⓒ 我七点三刻上班。 Wǒ qīdiǎn sān kè shàngbān.

3 ① 我两点半学习。 ② 你想吃汉堡包吗？ ③ 我不想吃晚饭。

생생!
VJ 중국 문화 여행

중국의 이성 친구 문화

사회주의 국가인 중국은 남녀가 평등한가요?

모든 면에서 평등을 주장하는 사회주의 국가 수립 이후 '마오쩌둥' 毛泽东 Máo zédōng이 외친 半边天 bànbiāntiān은 하늘의 반쪽은 여성, 즉 '여성이 사회의 반을 담당한다'라는 뜻입니다. 실제로 중국 여성들은 사회 활동이 활발하고 직업을 선택이 아닌 필수라고 여깁니다. 직장 내에서도 업무나 승진이 남성과 공평하게 이뤄져서 임원이나 대표, 정부 관원을 맡는 여자들이 많습니다. 여성의 높은 사회 참여율로 자연스럽게 가사 노동 역시 부부가 함께 책임진다고 합니다.

중국의 젊은 연인들은 어떤가요?
우리나라와 비슷하게 데이트를 하나요?

한국의 젊은 연인들이 영화를 보거나 카페에서 이야기를 하듯이 중국도 비슷합니다. 중국의 연인들은 데이트를 할 때 주로 더치페이를 하거나 똑같은 금액의 돈을 내고 통장을 만들어 데이트 비용을 해결한다고 합니다.

중국 길거리를 다니다 보면 가장 놀라는 것은 바로 중국연인들 사이의 과감한 애정 표현입니다. 때와 장소를 가리지 않고 입을 맞추고 껴안는 모습을 보면, 중국이 한국보다 더 개방적이라는 생각이 듭니다.

생생 여행중국어

중국 친구 만나기

1. 너는 어디 가고 싶어?	**你想去哪儿?** Nǐ xiǎng qù nǎr? 니↗ 시앙↗ 취↘ 날ⓡ↗?
2. 너는 뭐 하고 싶니?	**你想做什么?** Nǐ xiǎng zuò shénme? 니↗ 시앙↗ 쭈어↘ 션ⓡ↗ 머?
3. 너는 여자(남자) 친구 있어?	**你有男朋友(女朋友)吗?** Nǐ yǒu nánpéngyou (nǚpéngyou) ma? 니↗ 여우↗ 난↗ 펑↗ 여우↗ (뉘↗ 펑↗ 여우↗) 마?

핵심표현

DAY 1 **오늘은 몇 월 며칠이니?**
今天几月几号？

DAY 2 **그녀의 생일은 일요일이 아니고, 토요일이야.**
她的生日不是星期天，是星期六。

DAY 3 **우리 함께 생일 선물 사자.**
我们一起买生日礼物吧。

DAY 4 **우리 언제 만날까?**
咱们什么时候见？

DAY 5 **응용회화**

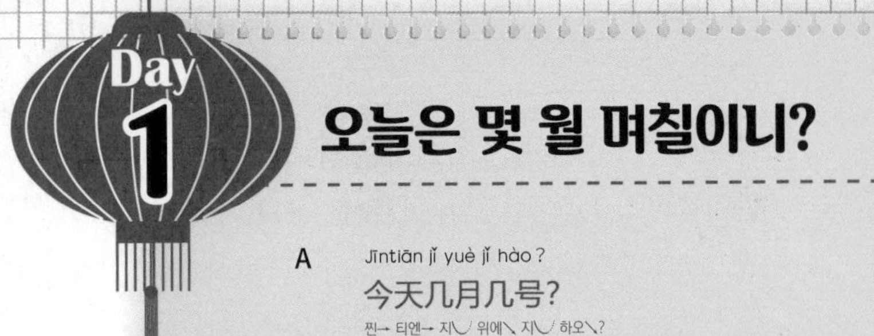

오늘은 몇 월 며칠이니?

A

Jīntiān jǐ yuè jǐ hào?

今天几月几号?

찐→ 티엔→ 지∨ 위에↘ 지∨ 하오↘?

오늘은 몇 월 며칠이니?

B

Jīntiān liùyuè èrshísān hào.

今天六月二十三号。

찐→ 티엔→ 리어우↘ 위에↘ 얼ⓡ↘ 스ⓡ↗ 싼→ 하오↘.

오늘은 6월 23일이야.

今天几月几号?

오늘이 몇 월 며칠인지 물어보는 표현으로, 시간을 물어볼 때와 마찬가지로 几 의문사를 사용하고, 대답할 때 '월'은 [숫자 + 月 yuè], '일'은 [숫자 + 号 hào]로 표현합니다. 문어체에서는 숫자 뒤에 日 rì를 붙입니다.

연도를 읽을 때는 각 숫자를 하나씩 읽고, 뒤에 年 nián 을 붙여 말합니다.

2017년	二零一七年	èr líng yī qī nián
1988년	一九八八年	yī jiǔ bā bā nián

A : Míngtiān jǐ yuè jǐ hào?

明天几月几号? 내일은 몇 월 며칠이니?

밍↗ 티엔→ 지∨ 위에↘ 지∨ 하오↘?

B : Míngtiān liù yuè jiǔ hào.

明天六月九号。 내일은 6월 9일이야.

밍↗ 티엔→ 리어우↘ 위에↘지어우∨ 하오↘.

생생 새단어

今天 jīntiān
명 오늘

月 jǐ
명 월, 달

号 hào
명 일(日),날짜

1 하오 생생 패턴학습

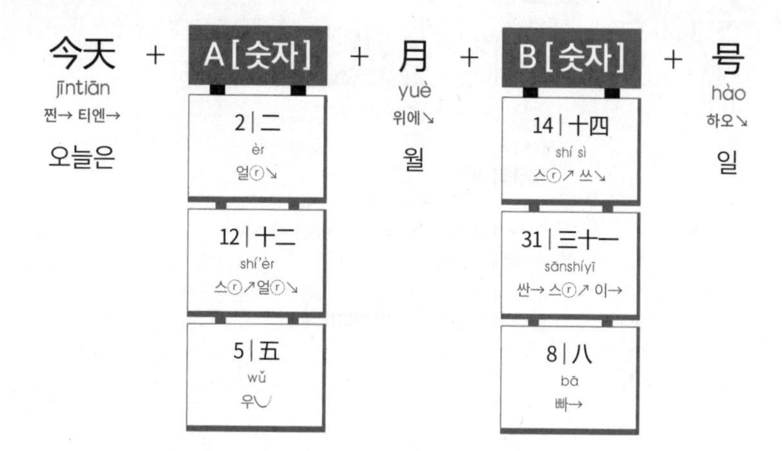

2 패턴응용 미니회화

A : Jīntiān jǐ yuè jǐhào?

今天几月几号?

B : 오늘은 2월 14일이야.

A : 오늘은 몇 월 며칠이니?

B : Jīntiān shí'èr yuè shísìhào.

今天二月十四号。

중국어 Tip

다양한 날짜를 나타내는 시간 명사 표현

前年 qiánnián 재작년	去年 qùnián 작년	今年 jīnnián 올해
明年 míngnián 내년	后年 hòunián 내후년	
前天 qiántiān 그저께	昨天 zuótiān 어제	今天 jīntiān 오늘
明天 míngtiān 내일	后天 hòutiān 모레	

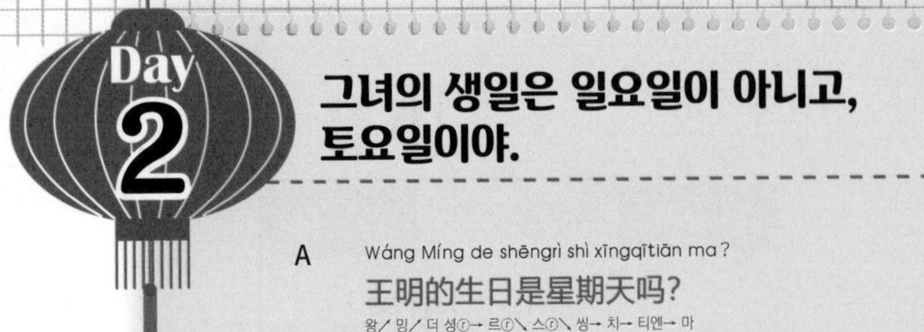

그녀의 생일은 일요일이 아니고, 토요일이야.

A

Wáng Míng de shēngrì shì xīngqītiān ma?

王明的生日是星期天吗?

왕↗ 밍↗ 더 셩ⓡ→ 르ⓡ↘ 스ⓡ↘ 씽→ 치→ 티엔→ 마

왕밍의 생일은 일요일이니?

B

Tā de shēngrì búshì xīngqītiān, shì xīngqīliù.

她的生日不是星期天, 是星期六。

타→ 더 셩ⓡ→ 르ⓡ↘ 부↗ 스ⓡ↘ 씽치→ 티엔→, 스ⓡ↘ 씽→치→ 리어우↘

그녀의 생일은 일요일이 아니고, 토요일이야.

她的生日不是星期天，是星期六。

월요일부터 토요일까지는 [**星期** xīngqī + 숫자(1~6)]라고 표현하고, 일요일은 **星期天(日)** xīngqītiān(rì)라고 합니다. 요일을 물을 때는 숫자 대신 **几**를 넣어 **星期几?**로 묻습니다. 또한, '그녀의 생일은 토요일이다'와 같이 '~이다'라는 서술 표현은 긍정문의 경우 요일 표현 명사 자체가 술어 역할을 하기 때문에 **是**를 쓰지 않아도 되지만, 부정문에서는 **不是**를 표현해야 합니다.

Zuótiān búshì xīngqīsān, shì xīngqīsì.

昨天不是星期三, 是星期四。

주어↗ 티엔→ 부↗ 스ⓡ↘ 씽→ 치→ 싼→, 스ⓡ↘ 씽→ 치→ 쓰↘.

어제는 수요일이 아니고, 목요일이야.

생생 새단어

生日 shēngrì
명 생일

星期 xīngqī
명 주, 요일

昨天 zuótiān
명 어제

星期天 xīngqītiān
명 일요일

星期六 xīngqīliù
명 토요일

星期三 xīngqīsān
명 수요일

星期四 xīngqīsì
명 목요일

1 하오 생생 패턴학습

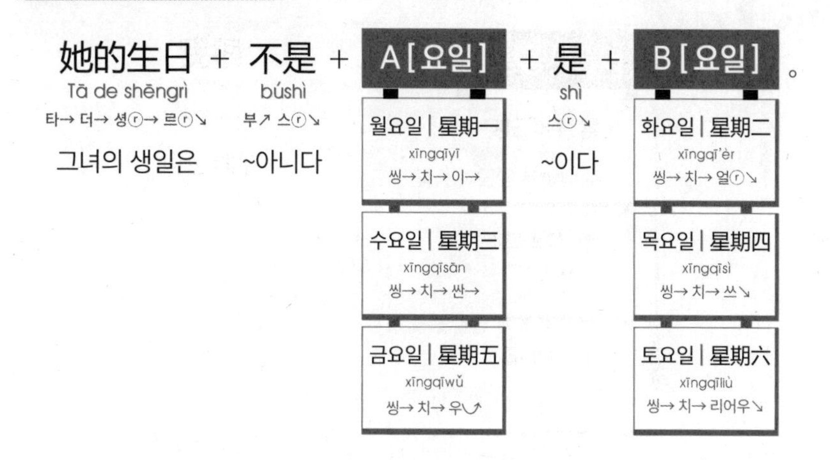

2 패턴응용 미니회화

A : Tā de shēngrì shì xīngqīyī ma?
她的生日是星期一吗?

B : 그녀의 생일은 월요일이 아니고, 화요일이야.

A : 그녀의 생일은 월요일이니?

B : Tā de shēngrì búshì xīngqīyī, shì xīngqī'èr.
她的生日不是星期一, 是星期二。

중국어 Tip

① 요일 표현에서 星期 대신 周을 쓰기도 합니다.

② 명사 술어문 : 요일 표현처럼 是 동사를 쓰지 않고, 명사 자체가 술어 역할을 하는 문장을 명사 술어문이라고 합니다. 시간, 날짜, 나이, 출신, 수량(가격) 등을 표현할 때 사용합니다.

긍정문 : [주어 + 술어 (명사/수량사)] 今天三月十四号。 오늘은 3월 14일이다. (날짜)

부정문 : [주어 + 不 + 是 + 술어(명사/명사구/수량사)]

今天不是三月十四号。 Jīntiān búshì sānyuè shísì hào. 오늘은 3월 14일이 아니다.

우리 함께 생일 선물 사자.

A Míngtiān shì Wáng Míng de shēngrì.
明天是王明的生日。
밍↗ 티엔→ 쓰ⓡ↘ 왕↗ 밍↗ 더 셩ⓡ→ 르ⓡ↘.
내일은 왕밍의 생일이야.

B Wǒmen yìqǐ mǎi shēngrì lǐwù ba.
我们一起买生日礼物吧。
워↙ 먼 이↘ 치↗ 마이↙ 셩ⓡ→ 르ⓡ↘ 리↙ 우↘ 바.
우리 함께 생일 선물 사자.

我们一起买生日礼物吧。

'~하자'라고 상대방에게 어떤 일을 제의하거나 부탁할 때 문장의 끝에 쓰여 어감을 조절해 주는 어기 조사 **吧** ba를 사용합니다. 이때, '함께 ~하자'라고 할 경우에는 '함께'라는 뜻의 **一起** yìqǐ를 붙여 [**一起** + 동사(동작) + **吧**] 형태로 표현할 수 있습니다.

Wǒmen yìqǐ chīfàn ba.
我们一起吃饭吧。 우리 함께 밥 먹자.
워↙ 먼 이↘ 치↗ 츠ⓡ→ 판ⓕ↘ 바.

생생 새단어

一起 yìqǐ
부 같이, 함께

礼物 lǐwù
명 선물

吧 ba
조 제의, 청유, 명령, 추측 등의 어기조사

1 하오 생생 패턴학습

我们一起
Wǒmen yìqǐ
워 먼 이↘ 치

우리 함께

\+

\+

吧
ba
바

~하자

2 패턴응용 미니회화

A : 우리 함께 공원 가자.

B : Hǎo ba.
好吧。

A : Wǒmen yìqǐ qù gōngyuán ba.
我们一起去公园吧。

B : 좋아.

중국어 Tip

어기 조사 吧는 문장 끝에 쓰이며 제의, 청유 외에 명령, 재촉, 추측 등 다양한 의미의 어기를 표현합니다.

你们学习汉语吧。	Nǐmen xuéxí Hànyǔ ba.	너희들 중국어 공부해라. (가벼운 명령)
学习	Xuéxí [동] 공부하다.	
你说吧！	Nǐ shuō ba !	너 말해 봐. (재촉)
好吧。	Hǎo ba.	알았어, 좋아. (동의, 승낙)
你是韩国人吧？	Nǐ shì Hánguórén ba ?	너는 한국인이지? (추측)

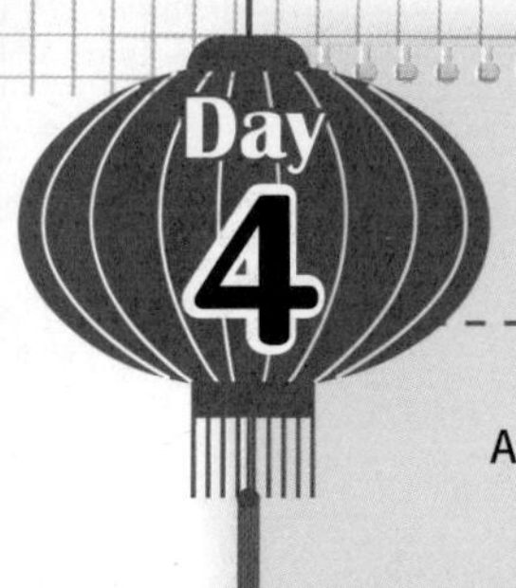

우리 언제 만날까?

A Zánmen shénmeshíhou jiàn?

咱们什么时候见?

잔↗먼 션ⓡ↗머 스ⓡ↗ 허우 찌엔↘

우리 언제 만날까?

B Zánmen xiàwǔ liùdiǎn jiàn ba.

咱们下午六点见吧。

잔↗먼 씨아↘ 우∨ 리어우↘ 디엔∨ 찌엔↘ 바.

우리 오후 6시에 만나자.

咱们什么时候见?

什么时候는 [**什么**+ **时候**(때)]의 형태로 '언제'라는 뜻의 구체적인 시간이나 대략의 때를 물어보는 의문 표현입니다. **什么时候**는 시간을 묻는 표현이므로 [**什么时候** + 동사(동작)]의 형태로 물어보면 됩니다.

A: Nǐ shénme shíhou huíguó?

你什么时候回国?

니∨ 션ⓡ↗ 머 스ⓡ↗ 허우 후에이↗ 구어↗?

너는 언제 귀국하니?

B: Wǒ míngnián huíguó.

我明年回国。

워∨ 밍↗ 니엔↗ 후에이↗ 구어↗

나는 내년에 귀국해.

생생 새단어

咱们 zánmen
대 (상대방을 포함한) 우리(들)

什么时候 shénme shíhou
대 언제

下午 xiàwǔ
명 오후

见 jiàn
동 보다, 만나다

明年 míngnián
명 내년

回国 huíguó
동 귀국하다

1 하오 생생 패턴학습

咱们什么时候 + A [동작(동사)] + ?

Zánmen shénmeshíhou

잔↗먼 션ⓡ↗ 머 스ⓡ↗ 허우

우리 언제 ~할까?

도서관 가다 | 去图书馆

qù túshūguǎn

취↘ 투↗ 수ⓡ→ 관↘↗

요가 하다 | 练瑜伽

liàn yújiā

리엔↘ 위↗ 찌아→

자전거 타다 | 骑自行车

qí zìxíngchē

치↗ 쯔↘ 싱↗ 처ⓡ→

2 패턴응용 미니회화

A : 우리 언제 도서관 갈까?

B : Zánmen míngtiān xiàwǔ qù ba.

咱们明天下午去吧。

A : Zánmen shénmeshíhou qù túshūguǎn?

咱们什么时候去图书馆?

B : 우리 내일 오후에 가자.

중국어 Tip

我们과 咱们은 모두 '우리'라는 뜻의 인칭 대명사입니다. 咱们은 이야기를 듣는 상대방을 모두 포함하는 '우리들'을 표현할 때 사용하고, 我们은 이야기를 듣는 상대방을 포함하거나 포함하지 않는 모든 경우에서 모두 '우리들'을 표현합니다.

A,C : 我们去图书馆, 你也去吗? 우리 도서관 가는데, 너도 가니?

B : 我不去。 나는 안 가.

(咱们 (X) : 듣는 상대방B를 포함하지 않은 A와 C '우리들'이므로, 咱们은 사용할 수 없어요.)

1 응용회화

史密斯 Jīntiān jǐ yuè jǐ hào?

今天几月几号?

찐→ 티엔→ 지↗ 위에↘ 지↗ 하오↘?

英爱 Jīntiān liùyuè èrshísān hào.

今天六月二十三号。

찐→ 티엔→ 리어우↘ 위에↘ 얼ⓡ↘ 스ⓡ↗ 싼→ 하오↘.

史密斯 Wáng Míng de shēngrì shì xīngqītiān ma?

王明的生日是星期天吗?

왕↗ 밍↗ 더 셩ⓡ→ 르ⓡ↘ 스ⓡ↘ 씽→ 치→ 티엔→ 마?

英爱 Tā de shēngrì búshì xīngqītiān, shì xīngqīliù.

她的生日不是星期天, 是星期六。

타→ 더 셩ⓡ→르ⓡ↘ 부↗ 스ⓡ↘ 씽치→ 티엔→, 스ⓡ↘ 씽→ 치→ 리어우↘.

史密斯 à, míngtiān shì Wáng Míng de shēngrì.

啊, 明天是王明的生日。

아, 밍↗ 티엔→ 스ⓡ↘ 왕↗ 밍↗ 더 셩ⓡ→ 르ⓡ↘.

英爱 Duì, Wǒmen yìqǐ mǎi shēngrìlǐwù ba.

对, 我们一起买生日礼物吧。

뚜에이↘, 워↗ 먼 이↘ 치↗ 마이↗ 셩ⓡ→ 르ⓡ↘ 리↗ 우↘ 바.

史密斯 Nàme, zánmen shénmeshíhou jiàn?

那么, 咱们什么时候见?

나↘ 머, 잔↗ 먼 션ⓡ↗ 머 스ⓡ↗ 허우 찌엔↘?

英爱 Zánmen xiàwǔ liùdiǎn jiàn ba.

咱们下午六点见吧。

잔↗먼 씨아↘ 우↗ 리어우↘ 디엔↗ 찌엔↘ 바.

생생 새단어

啊 à
감 아!, 와! (놀람이나 감탄을 나타냄)

对 duì
형 맞다, 옳다

那么 nàme
접 그러면, 그렇다면

2 말문트기 3단 문장연습

※ 소리를 들으며 따라해 보세요!

중국어로 따라하기	발음에 집중하여 따라하기	한자 모양에 집중하여 따라하기
스미스	Shǐmìsī	史密斯
오늘은 몇 월 며칠이니?	Jīntiān jǐ yuè jǐ hào?	今天几月几号?
영애	Yīng ài	英爱
오늘은 6월 23일이야.	Jīntiān liùyuè èrshísān hào.	今天六月二十三号。
스미스	Shǐmìsī	史密斯
왕밍의 생일은 일요일이니?	Wáng Míng de shēngrì shì xīngqītiān ma?	王明的生日是星期天吗?
영애	Yīng ài	英爱
그녀의 생일은 일요일이 아니야. 토요일이야.	Tā de shēngrì búshì xīngqītiān, shì xīngqīliù.	她的生日不是星期天,是星期六。
스미스	Shǐmìsī	史密斯
아, 내일이 왕밍의 생일이야.	à, míngtiān shì Wáng Míng de shēngrì.	啊,明天是王明的生日。
영애	Yīng ài	英爱
맞아. 우리 함께 생일 선물 사자.	Duì, Wǒmen yìqǐ mǎi shēngrìlǐwù ba.	对,我们一起买生日礼物吧。
스미스	Shǐmìsī	史密斯
그럼, 우리 언제 만날까?	Nàme, zánmen shénmeshíhou jiàn?	那么,咱们什么时候见?
영애	Yīng ài	英爱
우리 오후 6시에 만나자.	Zánmen xiàwǔ liùdiǎn jiàn ba.	咱们下午六点见吧。

연습문제

1 녹음된 내용을 듣고, 성조를 표시해 보세요.

1) sheng ri
2) ji yue
3) li wu
4) ji hao
5) jin tian
6) xing qi

2 그림을 보고 빈칸에 알맞은 중국어 문장을 골라 대화를 완성해 보세요.

1) 어제는 수요일이 아니야.

ⓐ 昨天不星期三。
Zuótiān bù xīngqīsān.

ⓑ 昨天不是星期二。
Zuótiān búshì xīngqīèr.

ⓒ 昨天不是星期三。
Zuótiān búshì xīngqīsān.

2) 내일은 5월 8일이야.

ⓐ 明天五月七号。
Míngtiān wǔyuè qī hào.

ⓑ 明天五月六号。
Míngtiān wǔyuè liù hào.

ⓒ 明天五月八号。
Míngtiān wǔyuè bā hào.

3 다음에 제시된 중국어 단어를 알맞은 어순으로 완성해 보세요.

1) 우리 내일 오후에 요가 하자.

明天	咱们	瑜伽	下午	练
míngtiān	zánmen	yújiā	xiàwǔ	liàn

[ ]

2) 우리 함께 농구 하자.

打	吧	一起	我们	篮球
dǎ	ba	yìqǐ	wǒmen	lánqiú

[ ]

3) 너는 언제 도서관 가니?

图书馆	去	你	什么时候
túshūguǎn	qù	nǐ	shénmeshíhou

[ ]

연습문제 정답

1 ① shēng rì ② jǐ yuè ③ lǐwù
④ jǐ hào ⑤ jīn tiān ⑥ xīng qī

2 ⓒ 昨天不是星期三。Zuótiān búshì xīngqīsān.
ⓒ 明天五月八号。Míngtiān wǔyuè bā hào.

3 ① 咱们明天下午练瑜伽。② 我们一起打篮球吧。
③ 你什么时候去图书馆?

생생! VJ 중국 문화 여행

중국의 대표 명절 '춘절'

중국의 대표적인 전통 명절인 춘절을 소개해 주세요

중국의 최대 명절인 음력 '춘절(설)'을 **春节** Chūnjié라고 합니다. 중국의 춘절은 공식적으로 3일간의 연휴가 있지만, 보통 일주일에서 보름까지 긴 휴가 기간을 가집니다. 특히 새해로 넘어가는 밤 12시가 되면 집집마다 폭죽을 터뜨려서 전쟁이 난 것처럼 소란스러워 지는데 이는 묵은 것은 모두 날려 보내고 새날을 축복하자는 의미입니다. 또한, 문 앞에 붉은색으로 쓴 '복'이란 뜻의 **福** fú를 거꾸로 붙여 놓는데, 이것은 '거꾸로 되다'의 **倒** dào와 '도착하다'의 **到** dào 발음이 같아서, '복이 오다(도착하다)'라는 의미라고 합니다.

중국에서는 춘절에 어떤 음식을 먹나요?

중국의 춘절 첫날 아침에는 주로 '교자' **饺子** jiǎozi를 먹습니다. 밤 11시부터 새벽 1시를 **子时**(자시)라고 하는데, **饺子**의 발음이 **交子** jiāozi와 비슷하기 때문인데, 동전이나 사탕을 넣어 만든 교자를 골라 먹으면 복을 받는다고 합니다. '설떡' **年糕** niángāo을 먹기도 하는데, 이것은 **年高** niángāo와 발음이 비슷하여 복을 비는 의미라고 합니다. 또한, 중국에서도 덕담을 나누는 '새해 인사' **拜年** bàinián와 어린아이들에게 주는 '세뱃돈' **压岁钱** yāsuìqián, **红包钱** hóngbāo qián도 있습니다.

생생 여행중국어

중국 친구와 축하하기

1. 즐거운 새해 보내세요!
   祝你新年快乐!
   Zhù nǐ xīnniánkuàilè !
   쭈ⓡ↘ 니↗ 씬→ 니엔↗ 콰이↘ 르어↘!

2. 너의 생일은 몇 월 며칠이니?
   你的生日几月几号?
   Nǐ de shēngrì jǐ yuè jǐ hào ?
   니∨ 더 셩ⓡ→르ⓡ↘ 지∨ 위에↘ 지∨ 하오↘?

3. 생일 축하해!
   祝你生日快乐!
   Zhù nǐ shēngrìkuàilè !
   쭈ⓡ↘ 니∨ 셩ⓡ→ 르ⓡ↘ 콰이↘ 르어↘!

핵심표현

WEEK 5 **지금 몇 시야?**
现在几点？

WEEK 6 **오늘은 몇 월 며칠이니?**
今天几月几号？

생생패턴 1 지금 1시 15분.

现在 Xiànzài + A 숫자 + 点 diǎn + B 숫자 + 分。 fēn. : 지금 A 시 B 분 이다.

2 两 liǎng, 20 二十 èrshí | 12 十二 shí'èr, 45 四十五 sìshíwǔ | 6 六 liù, 2 零二 líng'èr

STEP 1 한국어를 중국어로 말해 보세요.

(1) 지금은 2시 20분이다.

(2) 지금은 12시 45분이다.

(3) 지금은 6시 2분이다.

STEP 2 듣고 따라 읽으며 빈칸에 알맞는 단어를 써 보세요.

(1) 现在 ______ 点二十分。

(2) ______ 十二点四十五分。

(3) 现在六点零二 ______ 。

1 两
2 现在
3 分

생생패턴 2 너는 몇 시에 퇴근하니?

你几点 Nǐ jǐ diǎn + A 동사 ? : 너는 몇 시에 A 하니?

일어나다 起床 qǐchuáng | 잠자다 睡觉 shuìjiào | 밥 먹다 吃饭 chīfàn

STEP 1 한국어를 중국어로 말해 보세요.

(1) 너는 몇 시에 일어나니?

(2) 너는 몇 시에 잠자니?

(3) 너는 몇 시에 밥 먹니?

STEP 2 듣고 따라 읽으며 빈칸에 알맞는 단어를 써 보세요.

(1) 你几点 ______ ?

(2) 你几点 ______ ?

(3) 你 ______ 吃饭？

1 起床
2 睡觉
3 几点

생생패턴 3 우리 7시에 저녁 먹는 거, 어때?

我们七点 + A + 好吗? : 우리 7시에 A 하는 거, 어때?
Wǒ xiǎng chī 음식 hǎo ma?

아침 먹다 **吃早饭** chī zǎofàn | 공부하다 **学习** xuéxí | 커피 마시다 **喝咖啡** hē kāfēi

STEP 1 한국어를 중국어로 말해 보세요.

(1) 우리 7시에 아침 먹는 거, 어때?

(2) 우리 7시에 공부하는 거, 어때?

(3) 우리 7시에 커피 마시는 거, 어때?

STEP 2 듣고 따라 읽으며 빈칸에 알맞는 단어를 써 보세요.

(1) 我们七点 ______ , 好吗？

(2) 我们七点 ______ , 好吗？

(3) 我们喝咖啡, ______ ?

1 吃早饭
2 学习
3 好吗

생생패턴 4 나는 스파게티를 먹고 싶어.

我想吃 + A 。 : 나는 A 를 먹고 싶어.
Wǒ xiǎng chī 음식

햄버거 **汉堡包** hànbǎobāo | 비빔밥 **拌饭** bàn fàn | 훠궈(중국식 샤브샤브) **火锅** huǒguǒ

STEP 1 한국어를 중국어로 말해 보세요.

(1) 나는 햄버거를 먹고 싶어.

(2) 나는 비빔밥을 먹고 싶어.

(3) 나는 훠궈를 먹고 싶어.

STEP 2 듣고 따라 읽으며 빈칸에 알맞는 단어를 써 보세요.

(1) 我想吃 ______ 。

(2) 我想吃 ______ 。

(3) 我 ______ 吃火锅。

1 汉堡包
2 拌饭
3 想

WEEK 6 오늘은 몇 월 며칠이니?

생생패턴 1 오늘은 6월 23일이야.

今天 jīntiān + A 숫자 + 月 yuè + B 숫자 + 号。 hào. : 오늘은 A 월 B 일 이다.

2 二 èr, 14 十四 shí sì | 12 十二 shí'èr, 31 三十一 sānshíyī | 5 五 wǔ, 8 八 bā

STEP 1 한국어를 중국어로 말해 보세요.

(1) 오늘은 2월 14일이다.

(2) 오늘은 12월 31일이다.

(3) 오늘은 5월 8일이다.

STEP 2 듣고 따라 읽으며 빈칸에 알맞는 단어를 써 보세요.

(1) 今天二月十四 ____ 。

(2) ____ 十二月三十一号。

(3) 今天五 ____ 八号。

1 号
2 今天
3 月

생생패턴 2 그의 생일은 일요일이 아니고, 토요일이야.

他的生日 Tā de shēngrì + 不是 búshì + A 요일 + 是 shì + B 요일 。 : 그의 생일은 A 가 아니고, B 이다

월요일 星期一 xīngqīyī, 화요일 星期二 xīngqī'èr | 수요일 星期三 xīngqīsān 목요일 星期四 xīngqīsì |
금요일 星期五 xīngqīwǔ, 토요일 星期六 xīngqīliù

STEP 1 한국어를 중국어로 말해 보세요.

(1) 그의 생일은 월요일이 아니고, 화요일이다.

(2) 그의 생일은 수요일이 아니고, 목요일이다.

(3) 그의 생일은 금요일이 아니고, 토요일이다.

STEP 2 듣고 따라 읽으며 빈칸에 알맞는 단어를 써 보세요.

(1) 他的 ____ 不是星期一，是星期二。

(2) 他的生日不是 ____ ，是星期四。

(3) 他的生日不是星期五，是 ____ 吧。

1 生日
2 星期三
3 星期六

생생패턴 3 우리 함께 생일선물 사자.

我们一起 Wǒmen yìqǐ + A 동작 + 吧。 ba. : 우리 함께 A 하자.

공원 가다 **去公园** qù gōngyuán | 농구 하다 **打篮球** dǎ lánqiú | 숙제하다 **做作业** zuò zuòyè

STEP 1 한국어를 중국어로 말해 보세요.

(1) 우리 함께 공원 가자.

(2) 우리 함께 농구 하자.

(3) 우리 함께 숙제하자.

STEP 2 듣고 따라 읽으며 빈칸에 알맞는 단어를 써 보세요.

(1) 我们一起 ______ 吧。

(2) 我们 ______ 打篮球吧。

(3) 我们一起 ______ 吧。

1 去公园
2 一起
3 做作业

생생패턴 4 우리 언제 만날까?

咱们什么时候 Zánmen shénmeshíhou + A 동작(동사) ? : 우리 언제 A 할까?

도서관 가다 **去图书馆** qù túshūguǎn | 요가 하다 **练瑜伽** liàn yújiā | 자전거 타다 **骑自行车** qí zìxíngchē

STEP 1 한국어를 중국어로 말해 보세요.

(1) 우리 언제 도서관 갈까?

(2) 우리 언제 요가 할까?

(3) 우리 언제 자전거 탈까?

STEP 2 듣고 따라 읽으며 빈칸에 알맞는 단어를 써 보세요.

(1) 咱们什么时候 ______ ?

(2) 咱们 ______ 练瑜伽？

(3) 咱们什么时候 ______ ?

1 去图书馆
2 什么时候
3 骑自行车

핵심표현

DAY 1 **너 이 스웨터를 좀 봐 봐, 어때?**
你看看这件毛衣, 怎么样？

DAY 2 **이 스웨터는 300위안이에요.**
这件毛衣三百块钱。

DAY 3 **당신은 저에게 260위안 주세요.**
您给我两百六吧。

DAY 4 **당신은 포장해 주실 수 있나요?**
您可以包装吗？

DAY 5 **응용회화**

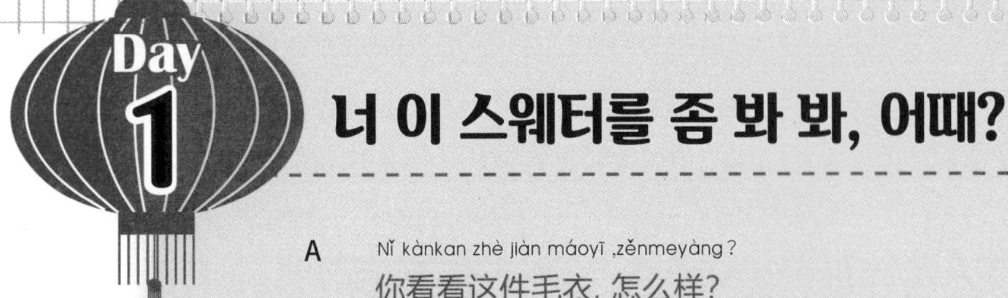

너 이 스웨터를 좀 봐 봐, 어때?

A

Nǐ kànkan zhè jiàn máoyī ,zěnmeyàng?

你看看这件毛衣, 怎么样?

니◡ 칸↘칸 쩌ⓡ↘ 찌엔↘ 마오↗ 이→, 전◡ 머 양↘?

너 이 스웨터를 좀 봐 봐, 어때?

B

Zhè jiàn máoyī zhēn hǎokàn.

这件毛衣真好看。

쩌ⓡ↘ 찌엔↘ 마오↗ 이→ 쩐ⓡ→하오◡ 칸↘.

이 스웨터 정말 예쁘다.

你看看这件毛衣, 怎么样?

동사를 두 번 반복하면 동작을 가볍게 행한다는 뜻에서 '좀 ~하다'라는 부드러운 말투가 됩니다. '(시험 삼아) 한번 ~해 보다'라는 시도의 의미도 있습니다.

단음절동사 AA / A—A

你试试 Nǐ shìshi 네가 한번 해 봐. | **试一试** Shì yi shì

AA형식에서 두 번째 음절은 경성으로 읽고, **A—A**형식에서는 동사의 성조는 변화 없이 그대로, 한일 (—)은 경성으로 읽습니다.

쌍음절동사 ABAB

我们休息休息吧。 Wǒmen xiūxi xiūxi ba. 우리 좀 쉬자.

Wǒ kànkan shū, tīngting yīnyuè.

我看看书, 听听音乐。

워◡ 칸↘ 칸 수ⓡ→, 팅→팅 인→ 위에↘

나는 책을 좀 보고, 음악 좀 들어.

생생 새단어

毛衣 máoyī
명 스웨터

件 jiàn
양 벌, 건
(옷이나 일, 사건을 세는 단위)

好看 hǎokàn
형 보기 좋다, 예쁘다

试 shì
동 시험 삼아 해 보다

休息 xiūxi
동 쉬다, 휴식하다

听 tīng
동 듣다

音乐 yīnyuè
명 음악

1 하오 생생 패턴학습

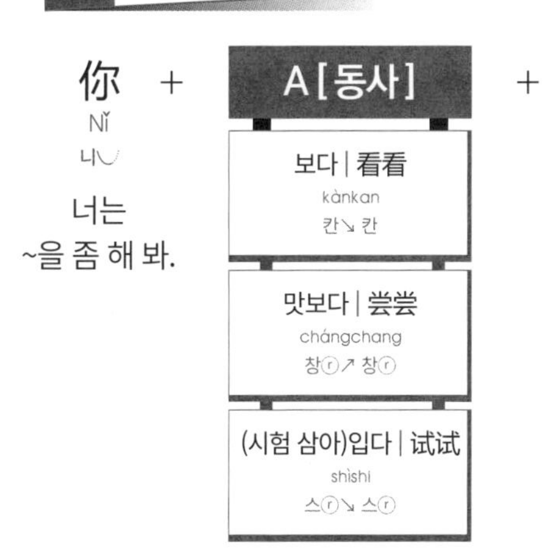

+

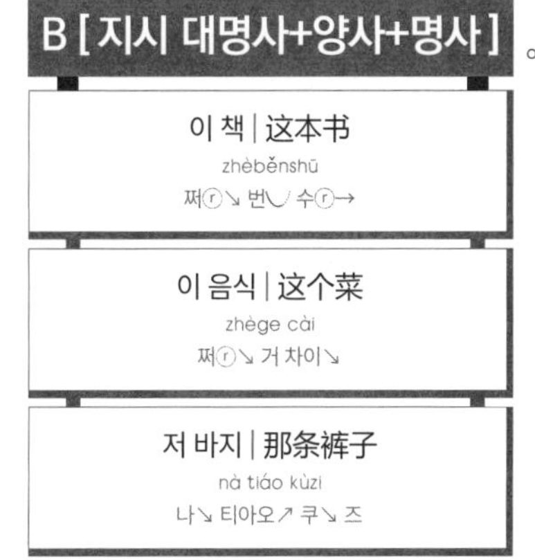

。

2 패턴응용 미니회화

A：Nà tiáo kùzi zhēn hǎokàn.
　那条裤子真好看。

B：너 저 바지를 좀 입어 봐.

A：저 바지 정말 예쁘다.

B：Nǐ shìshi nà tiáo kùzi.
　你试试那条裤子。

중국어 Tip

① 지시 대명사 这 / 那 는 명사를 꾸며 줍니다. 보통 [这 / 那 + 수사(一) + 양사(件) + 명사(毛衣)] 의 어순이지만, 이때 수사가 '1'이면 수사는 생략하고 这件毛衣라고 합니다.

② 那条裤子에서 条 tiáo는 가늘고 긴 물건을 세는 양사로, 주로 의복 중에서 바지, 치마 처럼 하의를 세는 단위입니다.

이 스웨터는 300위안이에요.

A Duōshao qián?

多少钱?

뚜오어→ 샤ⓡ오 치엔↗?

얼마예요?

B Zhè jiàn máoyī sānbǎi kuài qián.

这件毛衣三百块钱。

쩌ⓡ→ 찌엔↘ 마오↗ 이→ 싼→ 바이↘↗ 콰이↘ 치엔↗.

이 스웨터는 300위안이에요.

这件毛衣三百块钱。

가격을 물을 때는 **多少钱?** '얼마예요?'라고 하고, 대답할 때는 중국의 화폐 표현을 사용합니다. 중국 화폐는 '인민폐' **人民币** Rénmínbì라고 합니다.

[1 块 kuài **(元** yuán**) = 10 毛** máo **(角** jiǎo**) = 100 分** fēn **]**

구어체에서는 **块 / 毛 / 分** 단위를 사용하고, 문어체에서는 **元 / 角 / 分** 단위를 사용합니다. 최근 중국에서는 화폐 **分**은 거의 사용하지 않고 있습니다.

❶ 단위가 한 개일 때는 **钱** qián을 붙여 읽어도 됩니다.

5.00元 : 五块(钱)

❷ 마지막 단위인 **毛**나 **分**은 생략 가능합니다.

5.6元 : 五块六(毛)

❸ 금액에 중간 단위가 없을 때는 '0', **零** líng 을 읽습니다.

3.07元 : 三块零七(分)

❹ 숫자 '2'가 단독으로 쓰이거나 가장 앞에 놓이면 **两**, 중간에 놓이면 **二**과 **两** 모두 가능하고, 마지막에 쓰이면 **二**로 읽어 줍니다.

2.00元 : 两块(钱)

2.22元 : 两块二毛二(分), 两块两毛二(分)

12.02元 : 十二块零二(分)

생생 새단어

多少 duōshao
[대] 얼마

钱 qián
[명] 돈

百 bǎi
[수] 100, 백

1 하오 생생 패턴학습

这件毛衣 +

Zhè jiàn máoyī

쩌ⓡ→ 찌엔↘ 마오↗ 이→

이 스웨터는
~(금액)이다

2 패턴응용 미니회화

A : Duōshao qián?

多少钱?

B : 이 스웨터는 180.6元이에요.

A : 얼마예요?

B : Zhè jiàn máoyī yìbǎi bā shí kuài liù (máo).

这件毛衣一百八十块六(毛)。

중국어 Tip

① 수를 물어 보는 의문 대명사 : 多少 + (양사) + 명사? / 几 + 양사 +명사?
10 이하의 비교적 확실하지 않은 적은 수에 대해 질문할 경우 几를 사용합니다. 多少는 수량에 관계 없이 쓰이지만 보통 10 이상의 숫자나 수량을 물을 때 씁니다. 几는 양사와 함께 쓰이지만 多少는 양사 없이도 사용할 수 있습니다.

② 백 단위 이상에서는 숫자 一 yī 를 붙여 '100' 一百 yìbǎi / '1000' 一千 yìqiān 으로 말해야 하고, 十도 백 단위 이상의 수 안에서는 一 yī 를 붙여 '315' 三百一十五 sānbǎiyìshíwǔ로 읽습니다.

당신은 저에게 260위안 주세요.

A Yǒudiǎnr guì, piányi yìdiǎnr ba.

有点儿贵，便宜一点儿吧。

여우↗ 디알ⓡ↗ 꾸에이↘, 피엔↗ 이 이↘ 디알ⓡ↗ 바.

조금 비싸네요. 조금 싸게 해 주세요.

B Nín gěi wǒ liǎngbǎiliù ba.

您给我两百六吧。

닌↗ 게이↗ 워↗ 량↗ 바이↗ 리어우↘ 바.

당신은 저에게 260위안 주세요.

您给我两百六吧。

'주다'라는 뜻의 **给** gěi는 영어의 give 동사처럼 [주어 + **给** + ~에게(사람 목적어) + ~을(사물 목적어)] 형식으로 두 개의 목적어를 취합니다. 이처럼 두 개의 목적어를 가지는 '이중 목적어 동사'가 술어가 된 문장을 '이중 목적어 동사 술어문'이라 합니다. 이때, 상대방(**您** / **你**)에게 말하는 경우 주어를 생략하고 말할 수도 있습니다.

[주어 + 이중 목적어 동사 + 목적어1(사람~에게) + 목적어2(사물 ~ 을)]

Gěi wǒ zhèběnshū.

给我这本书。 (당신은) 저에게 이 책 주세요.

게이↗ 워↗ 쩌ⓡ↘ 번↗ 수ⓡ→

两百六(206)

260 两百六(十), 2600 两千六(百)

백 단위 이상에서 끝에 오는 숫자 '0', **零** líng은 생략할 수 있습니다.

206 两百零六, 2006 两千零六

그러나 중간 단위가 없을 때는 '0', **零** líng이 있으면 개수에 관계없이 반드시 한 번만 읽어야 합니다.

생생 새단어

有点 yǒudiǎnr
부 조금

贵 guì
형 비싸다

一点儿 yìdiǎnr
수 조금, 약간

便宜 piányi
형 싸다

给 gěi
동 주다

本 běn
양 권
(책을 세는 단위)

1 하오 생생 패턴학습

您给我
Nín gěi wǒ
닌↗ 게이↗ 워↘↗
당신은 나에게
~을 주다

+

A [금액]

+

吧。
ba.
바.
~요.

2 패턴응용 미니회화

A : Yǒudiǎnr guì, piányi yìdiǎnr ba.
有点儿贵，便宜一点儿吧。

B : 당신은 저에게 203위안 주세요.

A : 조금 비싸네요. 조금 싸게 해 주세요.

B : Nín gěi wǒ liǎngbǎilíngsān ba.
您给我两百零三吧。

중국어 Tip

① 有点儿과 一点儿은 모두 '조금, 약간'의 의미인데, 그 용법이 다르므로 잘 구별해야 합니다.
☞ [有点儿(정도 부사) + 술어(형용사)] 有点儿贵 (조금 비싸서 불만족스런 상황)
☞ [술어(동사, 형용사) + 一点儿(양사)] 便宜一点儿 (조금 더 싸게 원하는 상황)

② 백 단위에서 숫자 '2'는 二 / 两 모두 가능하지만 보통 两으로 읽고, 천 단위 이상에서는 반드시 两이라 읽어야 합니다. ☞ '200' 二百, 两百 / '2,000' 两千 / '20,000' 两万

당신은 포장해 주실 수 있나요?

A　Nín kěyǐ bāozhuāng ma?
您可以包装吗?
닌↗ 크어↗ 이↘↗ 빠오→ 쭈ⓡ앙→ 마?
당신은 포장해 주실 수 있나요?

B　Dāngrán kěyǐ.
当然可以。
땅→ 란ⓡ↗ 크어↗ 이↘↗
당연히 가능해요.

您可以包装吗?

조동사 **可以**는 동사 앞에서 어떤 일의 가능을 나타내는 '~할 수 있다, ~가능하다'라는 뜻으로 쓰입니다.

明天我可以看京剧。　　내일 나는 경극을 볼 수 있다.
Míngtiān wǒ kěyǐ kàn jīngjù.　　(볼 수 있는 가능성)

부정형 **不可以**는 불허가, 금지의 뜻이기 때문에, 일반적으로 가능성 의미의 부정형으로는 쓰지 않습니다. 가능성 의미의 부정형인 '~할 수 없다(불가능)'는 조동사 '~할 수 있다' **能** néng의 부정형인 **不能**을 사용합니다.

A:　Míngtiān nǐ kěyǐ kàn jīngjù ma?
明天你可以看京剧吗?
닌↗ 크어↗ 이↘↗ 칸↘ 찡→ 쮜↘ 마?
내일 너는 경극 볼 수 있어?

B:　Bùhǎoyìsi, wǒ bùnéng kàn.
不好意思, 我不能看。
뿌↘ 하오↘↗ 이↘ 쓰, 워↘↗ 뿌↘ 느엉↗ 칸↘
미안해. 나는 볼 수 없어.

생생 새단어

可以 kěyǐ
조 ~할 수 있다
包装
bāozhuāng
동 포장하다
当然 dāngrán
형 당연하다, 물론이다
京剧 jīngjù
명 경극
不好意思
bùhǎoyìsi
미안하다, 난처하다, 부끄럽다.
能 néng
조 ~할 수 있다

1 하오 생생 패턴학습

您可以 + A [동사 + 목적어] + 吗?

Nín kěyǐ
닌↗ 크어↗ 이↘↗

당신은
~할 수 있나요?

吗?
ma?
마?

2 패턴응용 미니회화

A : 당신은 고수를 먹을 수 있나요?

B : Wǒ bùnéng chī xiāng cài.
我不能吃香菜。

A : Nín kěyǐ chī xiāngcài ma?
您可以吃香菜吗?

B : 저는 고수를 먹을 수 없어요.

중국어 Tip

조동사 可以는 '~할 수 있다, ~가능하다'라는 가능성의 뜻 외에도, '~할 수 있다, ~해도 된다' 라는 객관적인 허가의 뜻을 나타내기도 합니다. 이때, 부정형은 不可以이며 봐도 '~하면 안 된다'라는 불허, 금지의 의미를 나타냅니다.

A : 我可以试试吗?　제가 입어 봐도 되나요? ☞ 입어 보아도 된다는 허가, 허락
B : 您不可以试。　당신은 입어 볼 수 없어요. (입으면 안 돼요.) ☞ 불허가, 금지

1 응용회화

史密斯 Yīng ài, nǐ kànkan, zhè jiàn máoyī zěnmeyàng?

英爱, 你看看, 这件毛衣怎么样?

잉→ 아이↘, 니∨ 칸↘칸 쩌ⓡ↘ 찌엔↘ 마오↗ 이→, 전∨ 머 양↘?

英爱 Wā ! zhè jiàn máoyī zhēn hǎokàn.

哇! 这件毛衣真好看。

와→! 쩌ⓡ→ 찌엔↘ 마오↗ 이→ 쩐ⓡ→하오∨ 칸↘.

史密斯 Duōshao qián?

多少钱?

뚜오어→ 샤ⓡ오 치엔↗?

售货员 Zhè jiàn máoyī sānbǎikuài qián.

这件毛衣三百块钱。

쩌ⓡ→ 찌엔↘ 마오↗ 이→ 싼→ 바이∨ 콰이↘ 치엔↗.

史密斯 Yǒudiǎnr guì, piányi yìdiǎnr ba.

有点儿贵, 便宜一点儿吧。

여우↗ 디알ⓡ∨ 꾸에이↘, 피엔↗ 이 이↘ 디알ⓡ∨ 바.

售货员 Xíng, nín gěi wǒ liǎngbǎiliù ba.

行, 您给我两百六吧。

싱↗, 닌↗ 게이↗ 워∨ 량↗ 바이∨ 리어우↘ 바.

英爱 Hǎo. nín kěyǐ bāozhuāng ma?

好。您可以包装吗?

하오∨. 닌↗ 크어↗ 이∨ 빠오→ 쭈ⓡ앙→ 마?

售货员 Dāngrán kěyǐ.

当然可以。

땅→란ⓡ↗ 크어↗ 이∨.

생생 새단어

售货员 shòuhuòyuán
명 판매원

哇 wā
감 아!, 와!(놀람이나 감탄을 나타냄)

行 xíng
형 좋다, 괜찮다

2 말문트기 3단 문장연습

※ 소리를 들으며 따라해 보세요!

중국어로 따라하기	발음에 집중하여 따라하기	한자 모양에 집중하여 따라하기
스미스 영애야, 너 좀 봐 봐, 이 스웨터 어때?	Shǐmìsī Yīng ài, nǐ kànkàn, zhè jiàn máoyī zěnmeyàng?	**史密斯** 英爱，你看看， 这件毛衣怎么样？
영애 와! 이 스웨터 정말 예쁘다.	Yīng ài Wā! zhè jiàn máoyī zhēn hǎokàn.	**英爱** 哇！这件毛衣 真好看。
스미스 얼마예요?	Shǐmìsī Duōshao qián?	**史密斯** 多少钱？
판매원 이 스웨터는 300위안이에요.	shòuhuòyuán Zhè jiàn máoyī sānbǎikuài qián.	**售货员** 这件毛衣 三百块钱。
스미스 조금 비싸네요. 조금 싸게 해 주세요.	Shǐmìsī Yǒudiǎnr guì. piányi yìdiǎnr ba.	**史密斯** 有点儿贵， 便宜一点儿吧。
판매원 좋아요. 당신은 저에게 260위안 주세요.	shòuhuòyuán Xíng. nín gěi wǒ liǎngbǎiliù ba.	**售货员** 行，您给我两 百六吧 。
영애 좋아요. 당신은 포장해 주실 수 있나요?	Yīng ài Hǎo. nín kěyǐ bāozhuāng ma?	**英爱** 好。您可以 包装吗？
판매원 당연히 가능해요.	shòuhuòyuán Dāngrán kěyǐ.	**售货员** 当然可以。

연습문제

1 녹음된 내용을 듣고, 빈칸에 알맞은 한자와 발음을 써 넣으세요.

1) [ ] 装 : bāo [ ]
2) 毛 [ ] : [ ] yī
3) [ ] 然 : dāng [ ]
4) [ ] 宜 : pián [ ]
5) 香 [ ] : [ ] cài
6) 好 [ ] : [ ] kàn

2 그림을 보고 빈칸에 해당되는 내용을 중국어로 말해 보세요.

1) 저 바지는 230元이에요.

2) 이 책은 180.6元이에요.

3 다음에 제시된 중국어 단어를 알맞은 어순으로 완성해 보세요.

1) 당신은 저에게 203위안 주세요.

我	给	两百零三	吧	您
wǒ	gěi	liǎngbǎilíngsān	ba	nín

[ ]

2) 조금 비싸네요, 조금 싸게 해 주세요.

贵	一点儿	吧	便宜	有点儿
guì	yìdiǎnr	ba	piányi	yǒudiǎnr

[ ]

3) 당신은 그들을 도울 수 있나요?

帮助	您	吗	可以	他们
bāngzhù	nín	ba	kěyī	tāmen

[ ]

연습문제 정답

1 ① 包, zhuāng ② 衣, máo ③ 当, rán
④ 便, yi ⑤ 菜, xiāng ⑥ 看, hǎo

2 ① 那条裤子两(二)百三(十块钱)。
Nà tiáo kùzi liǎng(èr)bǎisān(shí kuài qián)

② 这本书一百八十块六(毛)。Zhè běn shū yìbǎibāshí kuài liù(máo)

3 ① 您给我两百零三吧。② 有点儿贵，便宜一点儿吧。
③ 您可以帮助他们吗?

생생! VJ 중국 문화 여행

중국의 전통 의상 '치파오'와 선물 문화

한국에는 한복, 일본에는 기모노, 그럼 중국의 전통 의상은 무엇인가요?

중국에는 '치파오' **旗袍** qípáo라는 전통 의상이 있어요. 치파오는 몸이 딱 달라붙는 스타일의 원피스로, 주로 여성이 입는 복장입니다. 원래는 만주족의 전통 의상이었는데 청나라 때 전국적으로 유행하기 시작하면서 지금은 중국을 대표하는 전통 의상이 되었습니다. 일반적으로 결혼식, 연회, 해외 방문, 명절에 치파오를 입는데 요즘은 점점 입는 사람들이 줄어들고 있다고 해요.

치파오도 한복처럼 시대에 따라 모양의 변화가 있었나요?

1949년 중화 인민 공화국 수립 이후에 일반 시민들은 소박하고 실용적인 것을 추구했습니다. 이런 사회 분위기 속에서 치파오는 쇠퇴기를 맞이하였고, 1950년에는 실용적인 스타일로 변해갔죠. 디자인은 간결해지고 품이 1940년대보다 넓어졌으며 장식을 작게 하고, 우아하면서도 조화로운 색상을 추구하였습니다. 지금의 치파오는 옷깃이 높고 허리 라인을 강조하며 치마에 길게 옆트임이 있는 화려한 디자인으로 변했습니다. 치파오는 국제 의상 대회에서 여러 차례 우수한 성적을 거두며 세계 유명 디자이너들의 호평을 받기도 했습니다.

중국인의 선물 문화는 어떤가요?

붉은색을 좋아하는 중국인들은 술 중에서 레드와인을 좋아하고, '사과' **苹果** píngguǒ의 발음이 '평안하다' **平安** píng'ān과 비슷해서 사과를 좋아합니다. 피해야 할 선물로는 '시계' **钟** zhěng, '부채' **扇子** shànzi, '우산' **雨伞** yǔsǎn, 과일 '배' **梨** lí입니다. 모두 한자에서 안 좋은 의미를 가진 단어와 발음이 같거나 비슷하기 때문인데요. '시계' **钟** zhōng은 '끝나다, 죽다'를 뜻하는 **终** zhōng, '부채' **扇** shàn과 '우산' **伞** sǎn은 '흩어지다, 헤어지다'의 **散** sǎn, '배' **梨** lí는 '이별'을 의미하는 **离** lí 와 발음이 비슷합니다.

생생 여행중국어

선물 사기

1. 저는 이 치파오를 사고 싶어요.	**我想买这条旗袍。** Wǒ xiǎng mǎi zhè tiáo qípáo. 워╲╱ 시앙↗ 마이╲╱ 쩌ⓡ╲ 티아오↗ 치↗파오↗
2. 너무 비싸요. 조금 더 싸게 해 주세요.	**太贵了！再便宜一点儿吧。** Tài guì le! zài piányi yìdiǎnr ba. 타이╲ 꾸에이╲ 러. 짜이╲ 피엔↗ 이 이╲디알ⓡ 바.
3. 모두 합해서 얼마예요?	**一共多少钱?** Yígòng duōshao qián? 이↗ 꽁╲ 뚜오어→ 샤ⓡ오 치엔↗?

핵심표현

DAY 1 **여보세요, 사장님 사무실에 계신가요?**
喂, 总经理在办公室吗?

DAY 2 **그는 회의 중이에요.**
他在开会呢。

DAY 3 **우리는 내일 시단에서 회의를 해요.**
我们明天在西单开会。

DAY 4 **저의 휴대폰 번호는 136-0118-6981입니다.**
我的手机号码是136-0118-6981。

DAY 5 **응용회화**

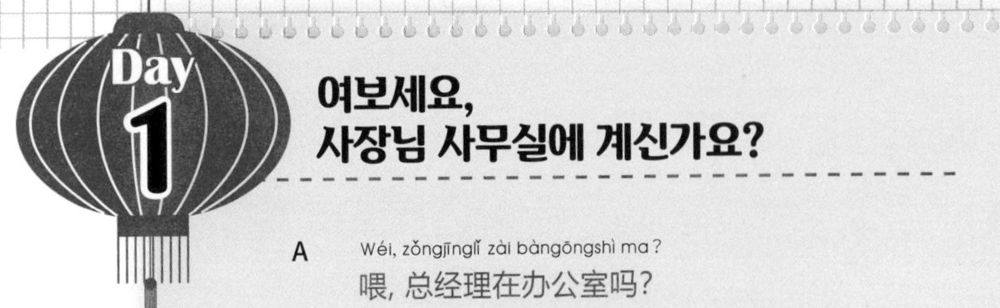

여보세요, 사장님 사무실에 계신가요?

A

Wéi, zǒngjīnglǐ zài bàngōngshì ma?

喂, 总经理在办公室吗?

웨이↗, 종◡찡→리◡↗ 짜이↘ 빤↘ 꽁→ 스ⓡ↘ 마?

여보세요, 사장님 사무실에 계신가요?

B

Tā bú zài, nín shì nǎ wèi?

他不在, 您是哪位?

타→ 부↗ 짜이↘, 닌↗ 스ⓡ↘ 나◡ 웨이↘?

안 계신데, 당신은 누구신가요?

喂, 总经理在办公室吗?

在 zài는 '~에 있다'라는 동사로 사람, 사물, 장소의 위치를 말할 때 사용합니다. 在 뒤에는 주로 장소나 방위를 나타내는 명사가 목적어로 오고, 부정형은 [不在 bú zài + 장소, 방위]로 표현합니다. 전화를 걸어 '~계신가요?'라고 물을 경우에는 [대상 + 在吗?]라고 하면 되고, 대답할 때도 '계시다' 在 / '안 계시다' 不在로 간단히 표현할 수 있어요. 또한, '~는 어디에 있나요?'처럼 위치를 물어볼 때는, 의문사 哪儿을 사용하여 ~在哪儿?이라고 하면 됩니다.

A: Tā zài nǎr?

他在哪儿? 그는 어디에 있나요?

타→ 짜이↘ 날ⓡ◡?

B: Tā zài túshūguǎn.

他在图书馆。 그는 도서관에 계십니다.

타→ 짜이↘ 투↗ 수ⓡ→ 관◡.

생생 새단어

喂 wèi / wéi
감 여보세요

总经理 zǒngjīnglǐ
명 사장님

在 zài
동 ~에 있다

位 wèi
양 ~분 (사람을 세는 양사)

图书馆 túshūguǎ
명 도서관

1 하오 생생 패턴학습

喂, 总经理在 + A [장소명사] + 吗？

Wéi, zǒngjīnglǐ zài ... ma？

웨이↗, 종◡ 찡→ 리◡ 짜이↘ ... 마

여보세요,
사장님은 ~에 계신가요?

2 패턴응용 미니회화

A： 여보세요, 사장님은 은행에 계신가요?

B： Zǒngjīnglǐ bú zài yínháng, zài shūdiàn.
총经理不在银行, 在书店。

A： Wéi, zǒngjīnglǐ zài yínháng ma？
喂, 总经理在银行吗？

B： 사장님은 은행에 안 계시고, 서점에 계세요.

중국어 Tip

① 喂는 '저기요, 이봐요'라고 부를 때는 wèi4성이지만, 전화상에서 '여보세요'라고 할 때는 보통 wéi2성으로 표현합니다. 주로 你好!라는 인사와 함께 喂, 你好!로 쓰입니다.

② 您是哪位？는 '당신은 누구신가요?'라는 뜻으로, 哪位？'어떤 분?'이라는 의문사를 사용하여 你是谁？표현보다 정중하게 예의를 갖추어 표현할 때 사용합니다.

③ 在 동사는 사람의 위치뿐만 아니라, 사물과 장소의 위치를 말할 때에도 사용할 수 있습니다.
我的自行车在家。Wǒ de zìxíngchē zài jiā. 나의 자전거는 집에 있어.

그는 회의 중이에요.

A Wǒ shì màoyìgōngsī de Lǐ Yīng'ài.
我是贸易公司的李英爱。
워↘↗ 스ⓡ↘ 마오↘ 이↘ 꽁→ 쓰→ 더 리↘↗ 잉→ 아이↘
저는 무역 회사의 이영애입니다.

B Tā zài kāihuì ne. Tā mǎshàng huílái.
他在开会呢。他马上回来。
타→ 짜이↘ 카이→ 후에이↘ 너. 타→ 마↘↗ 샹ⓡ↘ 후에이↗ 라이↗.
그는 회의 중이에요. 곧 돌아오십니다.

在 zài는 '~에 있다'라는 뜻 외에도, 부사로서 동사 앞에 위치하여 '~하고 있는 중'이라는 동작의 진행을 나타냅니다. 이때, 진행형을 강조하기 위해 문장의 마지막에 어기 조사 **呢**를 함께 쓰기도 합니다.

[주어 + 在 + 동사 + 목적어 + 呢。]
他 在 开 会 呢。

중국어 진행형의 부정표현은 **没**로 하는데 이때, **呢**가 아닌 **在**를 함께 사용해서 [**没(在)** + 동사 + 목적어]로 나타냅니다. 간단한 부정형 대답을 할 경우에는 **没有**라고 표현합니다.

[주어 + 没(在) + 동사 + 목적어。]
他 没(在) 开 会。

A : Nǐ zài xuéxí ma?
你在学习吗? 너는 공부를 하고 있는 중이니?
니↘↗ 짜이↘ 쉬에↗ 시↗ 마?

B : Méiyǒu, wǒ zài kànshū ne.
没有, 我在看书呢。 아니, 나는 책을 보고 있는 중이야.
메이↗ 여우↘↗, 워↘↗ 짜이↘ 칸↘ 수ⓡ→ 너.

생생 새단어

贸易公司 màoyìgōngsī
명 무역 회사
在 zài
부 ~하고 있다, ~하고 있는 중이다.
开会 kāihuì
동 회의를 열다, 회의를 하다
马上 mǎshàng
부 곧, 즉시
回来 huílái
동 돌아오다

1 하오 생생 패턴학습

他在 + A [동작] + 呢。

Tā zài / 타→ 짜이↘ ... ne. / 너.

그는 ~ 을 하고 있는 중이다.

- 보고서를 쓰다 | 写报告 — xiě bàogào — 시에◡ 빠오↘ 까오↘
- 요리를 하다 | 做菜 — zuòcài — 쭈어↘ 차이↘
- 게임을 하다 | 玩儿游戏 — wánr yóuxì — 왈ⓡ↗ 여우↗ 씨↘

2 패턴응용 미니회화

A : Tā zài zuò shénme ne ?
他在做什么呢 ?

B : 그는 보고서를 쓰고 있는 중이야.

A : 그는 무엇을 하고 있니?

B : Tā zài xiě bàogào ne.
他在写报告呢。

중국어 Tip

在 대신에 正 zhèng, 正在 zhèngzài 부사를 사용하여 진행형 문장을 나타낼 수 있습니다.
[주어 + 正 / 正在 + 동사 + 목적어 + 呢。]
他 正 / 正在 做 菜 呢。 그는 요리를 하고 있는 중이다.
이때, 부정형은 呢와 마찬가지로 没와 함께 사용하지 않습니다.
A : 他正在做菜吗 ? Tā zhèngzài zuò cài ma ? 그는 요리를 하고 있는 중이니?
B : 他没做菜。 Tā méi zuò cài. 그는 요리를 하고 있지 않아.

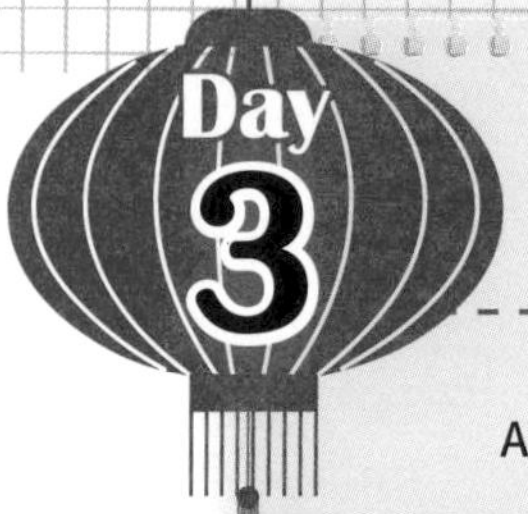

우리는 내일 시단에서 회의를 해요.

A Wǒmen míngtiān zài Xīdān kāihuì.
我们明天在西单开会。
워╲╱ 먼 밍╱ 티엔→ 짜이╲ 씨→ 딴→ 카이→ 후에이╲.
우리는 내일 시단에서 회의를 해요.

B Wǒ yídìng zhuǎngào tā.
我一定转告他。
워╲╱ 이╱ 띵╲ 주ⓡ안╲╱ 까오╲ 타→.
제가 반드시 그에게 전해 드릴게요.

我们明天在西单开会。

在 zài는 위치를 나타내는 동사 '~에 있다'와 진행형을 만들어 주는 부사 '~하고 있는 중이다' 외에도 '~에서'라는 뜻의 전치사로도 쓰입니다. 전치사를 중국어로 '개사'라고 하는데 개사(介词)의 介는 '끼우다, ~사이에 있다'라는 뜻으로, [전치사(개사)+명사/대명사] 형식으로 주어와 술어 사이에 들어가 표현을 나타냅니다.

[주어 + 술어(동사在) + 목적어]

他 在 银行。 그는 은행에 있다.

[주어 + 전치사(在) + 장소(명사) + 술어(동사)]

他 在 银行 工作。 그는 은행에서 일한다.

Wǒmen míngtiān zài nǎr kāihuì?
我们明天在哪儿开会？
워╲╱ 먼 밍╱ 티엔→ 짜이╲ 짜이╲ 날ⓡ╲╱ 카이→ 후에이╲
우리는 내일 어디에서 회의하나요?

생생 새단어

转告 zhuǎngào
[동] 전하다

西单 Xīdān
[고유] 시단 (중국 베이징에 위치)

一定 yídìng
[부] 반드시

1 하오 생생 패턴학습

我们明天在 + A [장소] + B [동작] 。

Wǒmen míngtiān zài
워↙ 먼 밍↗ 티엔→ 짜이↘

우리는 내일 ~에서 ~하다

A [장소]	B [동작]
학원 | 补习班 bǔxíbān 부↙ 시↗ 빤→	선생님을 만나다 | 见老师 jiàn lǎoshī 찌엔↘ 라오↙ 스ⓡ→
영화관 | 电影院 diànyǐngyuàn 디↘엔잉↙위엔↘	영화를 보다 | 看电影 kàn diànyǐng 칸↘ 띠엔↘ 잉↙
스타벅스 | 星巴克 Xīngbākè 씽→ 빠→ 크어↘	이야기를 하다 | 聊天儿 liáotiānr 리아오↗ 티알ⓡ→

2 패턴응용 미니회화

A : Nǐmen míngtiān zài nǎr jiàn lǎoshī?
你们明天在哪儿见老师?

B : 우리들은 내일 학원에서 선생님을 만나.

A : 너희들은 내일 어디에서 선생님을 만나니?

B : Wǒmen míngtiān zài bǔxíbān jiàn lǎoshī.
我们明天在补习班见老师。

중국어 Tip

전치사 문형인 [주어 + 在 + 장소 명사 + 술어(동사)]에서 동작의 진행 즉, '~에서 ~을 하고 있는 중이다'를 표현할 때는 전치사 在를 한 번만 사용하고, 진행형을 나타내는 부사 在는 생략합니다. 이런 경우 진행의 의미를 나타내기 위해 마지막에 어기 조사 呢를 붙입니다.

我们在星巴克聊天儿呢。 Wǒmen zài Xīngbākè liáotiānr ne.
우리들은 스타벅스에서 이야기하고 있는 중이야.

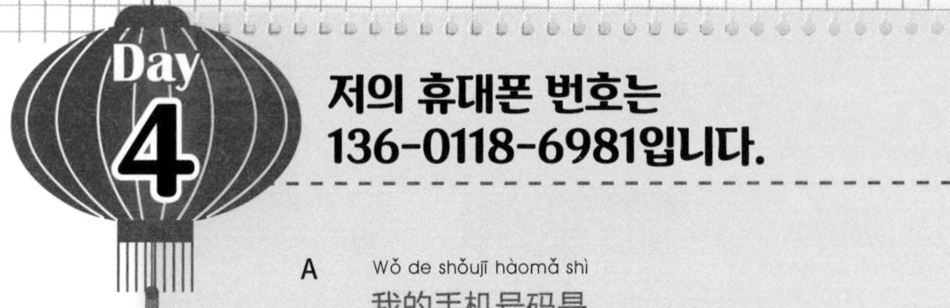

Day 4 저의 휴대폰 번호는 136-0118-6981입니다.

A Wǒ de shǒujī hàomǎ shì
我的手机号码是
워╰╯더 셔ⓡ우╰╯찌→ 하오↘ 마╰╯스ⓡ↘
저의 휴대폰 번호는

yāo sān liù líng yāo yāo bā liù jiǔ bā yāo.
136-0118-6981。
야오→ 싼→ 리어우↘ 링↗ 야오→ 야오→ 빠→ 리어우↘ 지어우╰╯빠→ 야오→.
136-0118-6981입니다.

B Hǎo de.
好的。
하오╰╯더.
알겠습니다.

我的手机号码是136-0118-6981。

号码 hàomǎ는 '번호'라는 뜻으로, '휴대폰 번호'는 **手机号码** shǒujī hàomǎ, 일반 '전화번호'는 **电话号码** diànhuà hàomǎ라고 합니다. 전화번호를 물을 때는 수를 물어보는 의문사 **多少**를 사용합니다.

你的电话号码是多少？ Nǐ de diànhuàhàomǎ shì duōshao?
'너의 전화번호는 몇 번이니?'

전화번호의 숫자를 읽을 때는 각 숫자를 하나씩 읽으며 이때, 숫자 '1'은 '7' qī과 발음을 구분하기 위해 幺(yāo)라고 읽습니다.

> Wǒ de diànhuàhàomǎ shì yāo èr sān sì wǔ liù qī bā.
> 我的电话号码是1234-5678.
> 워╰╯ 더 띠엔↘ 화↘ 하오↘ 마╰╯ 스ⓡ↘ 야오→ 얼ⓡ↘ 싼→ 쓰↘ 우╰╯ 리어우↘ 치→빠.
> 나의 전화번호는 1234-5678이야.

생생 새단어

号码 hàomǎ
명 번호
电话 diànhuà
명 전화

1 하오 생생 패턴학습

我的手机号码是 + A [숫자(번호)]。

Wǒ de shǒujī hàomǎ shì

워↘더 셔ⓡ우↘찌→ 하오↘ 마↘ 스ⓡ↘

나의 휴대폰 번호는 ~ 이다

13611086789

yāo sān liù yāo yāo líng bā liù qī bā jiǔ

야오→ 싼→ 리어우↘ 야오→ 야오→ 링↗ 빠→ 리어우↘ 치→ 빠→ 지어우↗

13833886898

yāo sān bā sān sān bā bā liù bā jiǔ bā

야오→싼→ 빠→ 싼→싼→빠→ 빠→ 리어우↘ 빠→ 지어우↘빠→

01012346789

líng yāo líng yāo èr sān sì liù qī bā jiǔ

링↗ 야오→ 링↗ 야오→ 얼ⓡ↘ 싼→ 쓰↘ 리어우↘ 치→ 빠→ 지어우↗

2 패턴응용 미니회화

A : Nǐ de shǒujī hàomǎ shì duōshao?
你的手机号码是多少?

B : 나의 휴대폰 번호는 13833886898이야.

A : 너의 휴대폰 번호는 몇 번이니?

B : Wǒ de shǒujī hàomǎ shì yāo sān bā sān sān bā bā liù bā jiǔ bā.
我的手机号码是13833886898.

중국어 Tip

전화번호뿐만 아니라 '방의 번호, 방 호수' 房间 fángjiān를 말하는 경우에도 각 숫자를 하나씩 읽으며 이때, 숫자 '1' 一은 幺 yāo라고 읽습니다.

A : 你的房间号码是多少? 너의 방 번호가 몇 호니?
Nǐ de fángjiān hàomǎ shì duōshao?

B : 108号。108호야.
Yāo líng bā hào.

1 응용회화

英爱 Wéi, nǐhǎo！ zǒngjīnglǐ zài bàn gōngshì ma？

喂，你好！ 总经理在办公室吗？

웨이↗, 니 하오↘↗! 종↘↗ 찡→리↘↗ 짜이↘ 빤↘ 꽁→ 스ⓡ↘ 마?

职员 Tā bú zài, nín shì nǎ wèi？

他不在，您是哪位？

타→ 부↗ 짜이↘, 닌↗ 스ⓡ↘ 나↘↗ 웨이↘?

英爱 Wǒ shì Màoyìgōngsī de Lǐ Yīng'ài.

我是贸易公司的李英爱。

워↘↗ 스ⓡ↘ 마오↘ 이↘ 꽁→ 쓰→ 더 리↘↗ 잉→ 아이↘.

职员 Tā zài kāihuì ne. Tā mǎshàng huílái.

他在开会呢。他马上回来。

타→ 짜이↘ 카이→ 후에이↘ 너. 타→ 마↘↗ 샹ⓡ↘ 후에이↗ 라이↗.

英爱 Qǐng zhuǎngào tā, wǒmen míngtiān zài Xīdān kāihuì.

请转告他，我们明天在西单开会。

칭↗ 주ⓡ안↘↗ 까오↘ 타→, 워↘↗ 먼 밍↗티엔→짜이↘ 씨→ 딴→ 카이→ 후에이↘.

职员 Wǒ yídìng zhuǎngào tā.

我一定转告他。

워↘↗ 이↗ 띵↘ 주ⓡ안↘↗ 까오↘ 타→.

英爱 Duì le！ Wǒ de shǒujī hàomǎ shì

对了！ 我的手机号码是

뚜에이↘ 러. 워↘↗ 더 셔ⓡ우↘↗ 찌→ 하오↘ 마↘↗ 스ⓡ↘.

yāo sān liù líng yāo yāo bā liù jiǔ bā yāo.

136 - 0118 - 6981。

야오→ 싼→ 리어우↘ 링↗ 야오→야오→ 빠→ 리어우↘ 지어우↘↗ 빠→ 야오→.

qǐng liúyán.

请留言。

칭↘↗ 리어우↗ 옌↗.

职员 Hǎo de.

好的。

하오↘↗ 더.

생생 새단어

职员 zhíyuán
[명] 직원, 사무원

对了! duì le
'맞아!', '아참!'
(어떤 일이나 무엇인가 문득 생각 났을 때 쓰이는 감탄의 표현)

留言 liúyán
[동] 말을 남기다. 메시지를 남기다.

2 말문트기 3단 문장연습

※ 소리를 들으며 따라해 보세요!

중국어로 따라하기	발음에 집중하여 따라하기	한자 모양에 집중하여 따라하기
영애 여보세요! 사장님 계신가요?	Yīng ài Wéi, nǐhǎoí zǒngjīnglǐ zài ma?	英爱 喂, 你好! 总经理在办公室吗?
직원 안 계신데, 당신은 누구신가요?	zhíyuán Tā bú zài, nín shì nǎ wèi?	职员 他不在， 您是哪位?
영애 저는 무역 회사의 이영애입니다.	Yīng ài Wǒ shì màoyìgěngsī de Lǐ Yīng'ài.	英爱 我是贸易公司的 李英爱。
직원 그는 회의 중이에요. 곧 돌아오십니다.	zhíyuán Tā zài kāihuì ne. Tā mǎshàng huílái.	职员 他在开会呢。 他马上回来。
영애 우리는 내일 시단에서 회의를 한다고 그에게 전해 주세요.	Yīng ài Qǐng zhuǎngào tā, wǒmen míngtiān zài Xīdān kāihuì.	英爱 请转告他， 我们明天在 西单开会。
직원 반드시 전해 드릴게요.	zhíyuán Wǒ yídìng zhuǎngào tā.	职员 我一定转告他。
영애 맞다! 저의 핸드폰 번호는 136-0118-6981입니다. 메모 남겨 주세요!	Yīng ài Duì le! Wǒ de shǒujī hàomǎ shì yāo sān liù líng yāo yāo bā liù jiǔ bā yāo. Qǐng liúyán.	英爱 对了! 我的手机号码是 136-0118-6981。 请留言。
직원 알겠습니다.	zhíyuán Hǎo de.	职员 好的。

연습문제

1 녹음된 내용을 듣고, 빈칸에 알맞은 한자와 발음을 써 넣으세요.

1) [ ] 言 : liú [ ]

2) 贸 [ ] : [ ] yì

3) [ ] 行 : yín [ ]

4) [ ] 上 : mǎ [ ]

5) 转 [ ] : [ ] gào

6) 开 [ ] : [ ] huì

2 그림을 보고 빈칸에 해당되는 내용을 중국어로 말해 보세요.

1) 그는 요리를 하고 있는 중이다.

2) 너의 휴대폰 번호은 몇 번이니?

3 다음에 제시된 중국어 단어를 알맞은 어순으로 완성해 보세요.

1) 그녀는 보고서를 쓰고 있는 중이다.

报告	她	在	呢	写
bàogào	tā	zài	ne	xiě

[ ]

2) 우리들은 게임을 하고 있지 않다.

玩儿	没	我们	游戏	在
wánr	méi	wǒmen	yóuxì	zài

[ ]

3) 우리는 내일 영화관에서 영화를 본다.

电影	在	看	我们	电影院	明天
diànyǐng	zài	kàn	wǒmen	diànyǐngyuàn	míngtiān

[ ]

연습문제 정답

1 ① 留, yán ② 易, mào ③ 银, háng
④ 马, shàng ⑤ 告, zhuǎn ⑥ 会, kāi

2 ① 他在做菜呢。Tā zài zuòcài ne.
② 你的手机号码是多少? Nǐ de shǒujī hàomǎ shì duōshao?

3 ① 她在写报告呢。② 我们没在玩儿游戏。
③ 我们明天在电影院看电影。

생생! VJ 중국 문화 여행

중국의 스마트폰과 인터넷 문화

한국에서 스마트폰 기술의 발전으로 다양한 인터넷 문화가 생겨나는 것처럼 중국에서도 스마트폰이 생활에 미치는 영향이 크다고 합니다. 중국의 스마트폰과 인터넷 문화에 대해 함께 알아볼까요?

중국에서도 스마트폰 SNS를 많이 하나요?

중국어로 '스마트폰'을 **智能手机** zhìnéng shǒujī, 'SNS'는 **社交网站** shèjiāo wǎngzhàn라고 합니다. 중국에서 가장 유명한 SNS는 중국의 '카카오톡'으로 알려진 '위챗' **微信** Wēi xìn입니다. 중국인들 역시 SNS로 자신만의 공간에 사진을 올리거나 자신의 근황을 전하고, 메시지도 주고받으며 여러 사람들과 소통을 합니다. 위챗은 ID 검색이나 QR 코드 스캔으로 친구를 추가할 수 있고, 자신의 휴대폰을 흔들면 같은 시간대에 휴대폰을 흔들고 있는 사람들의 프로필이 뜨는 독특한 방식으로 새로운 친구들과 소통할 수 있습니다.

중국에서도 스마트폰으로 모바일 결제를 많이 하나요?

현재 중국의 모바일 결제 문화는 한국보다 훨씬 더 발달했습니다. 길거리 간식, 택시비 결제까지 모두 비밀번호를 누르거나 QR 코드 스캔을 통해 아주 간단하게 모바일 결제를 할 수 있죠. 중국의 대표적인 모바일 결제 시스템으로는 '알리페이' **支付宝** Zhīfùbǎo와 '위챗페이' **微信支付** Wēixìnzhīfù가 있습니다. 간단하게 결제하고 계산하는 시간을 줄일 수 있어서 현재 중국에서는 모바일 결제가 빈번하게 이뤄지고 있다고 합니다. 무엇보다 '위챗페이'는 수수료가 은행보다 저렴해서 사업자들에게 특히 환영을 받고 있습니다.

중국의 유용한 사이트를 소개해 주세요.

중국의 대표적인 포털 사이트는 '바이두' **百度** Bǎidù, '소후' **搜狐** Sōuhú, '신랑왕' **新浪网** Xīnlàngwǎng 등이 있습니다. 중국으로 여행갈 때 '바이두 맵' **百度地图** bǎidùdìtú라는 스마트폰 어플을 꼭 다운받으세요. 이 사이트의 지도 어플을 이용하면 길을 찾는데 매우 유용합니다. 그리고 중국의 대표적인 인터넷 쇼핑몰은 '타오바오왕' **淘宝网** Táobǎowǎng, 대표적인 SNS로는 '웨이보' **微博** Wēi bó, '런런왕' **人人网** Rénrén wǎng, QQ 등이 있습니다.

생생 여행중국어

중국 여행에서 휴대폰 사용하기

1. 유심카드 주세요.
   给我USIM卡。 Gěi wǒ usim kǎ
   게이↗ 워↗ 유심 카↗
2. QR코드를 스캔해 보세요.
   扫一扫二维码。 Sǎoyisǎo èrwéimǎ.
   사오↗ 이 사오↗ 얼ⓡ↘ 웨이↗ 마↗.
3. 그에게 다시 전화해 달라고 해 주세요.
   请他回个电话。 Qǐng tā huí ge diànhuà.
   칭↗ 타→ 후에이↗ 거 띠엔↘ 화↘

핵심표현

WEEK 7 **얼마예요?**
多少钱？

WEEK 8 **그는 회의 중이에요.**
他在开会呢。

생생패턴 1 너 이 스웨터를 좀 봐 봐, 어때?

你 Nǐ + A 동사 + B 지시 대명사+양사+명사 。 : 너는 A 를 좀 해 봐

보다 看看 kànkan, 이 책 这本书 zhèběnshū | 맛보다 尝尝 chángchng, 이 음식 这个菜 zhège cài | (시험 삼아) 입다 试试 shìshi, 저 바지 那条裤子 nà tiáo kùzi

STEP 1 한국어를 중국어로 말해 보세요.

(1) 너는 이 책을 좀 봐 봐.

(2) 너는 이 음식을 맛 좀 봐.

(3) 너는 저 바지를 좀 입어 봐.

STEP 2 듣고 따라 읽으며 빈칸에 알맞는 단어를 써 보세요.

(1) 你看看 ______ 。

(2) 你 ______ 这个菜。

(3) 你 ______ 那条裤子。

1 这本书
2 尝尝
3 试试

생생패턴 2 이 스웨터는 300위안이에요.

这件毛衣 Zhè jiàn máoyī + A 금액 。 : 이 스웨터는 A (금액)이다.

97.2元 九十七块二(毛) jiǔshíqī kuài èr(máo) | 180.6元 一百八十块六(毛) yìbǎi bā shí kuài liù(máo) | 315元 三百一十五块(钱) sānbǎiyīshíwǔ kuài(qián)

STEP 1 한국어를 중국어로 말해 보세요.

(1) 이 스웨터는 97.2위안이다.

(2) 이 스웨터는 180.6위안이다.

(3) 이 스웨터는 315위안이다.

STEP 2 듣고 따라 읽으며 빈칸에 알맞는 단어를 써 보세요.

(1) ______ 九十七块二(毛)。

(2) 这件毛衣 ______ 。

(3) 这件毛衣 ______ 。

1 这件毛衣
2 一百八十块六(毛)
3 三百一十五块(钱)

생생패턴 3 당신은 저에게 260위안 주세요.

您给我 Nín gěi wǒ + A 금액 + 吧。 ba. : 우리 7시에 A 하는 거, 어때?

230위안 两百三 liǎngbǎisān | 203위안 两百零三 liǎngbǎilíngsān | 2300위안 两千三 liǎngqiānsān

STEP 1 한국어를 중국어로 말해 보세요.

(1) 당신은 저에게 230위안 주세요.

(2) 당신은 저에게 203위안 주세요.

(3) 당신은 저에게 2300위안 주세요.

STEP 2 듣고 따라 읽으며 빈칸에 알맞는 단어를 써 보세요.

(1) 您给我 ______ 吧。

(2) 您给我 ______ 吧。

(3) 您 ______ 两千三吧。

1 两百三
2 两百零三
3 给我

생생패턴 4 당신은 포장해 주실 수 있나요?

您可以 Nín kěyǐ + A 동사+목적어 + 吗? ma? : 당신은 A 할 수 있나요?

옷을 추천하다 推荐衣服 tuījiàn yīfu | 고수를 먹다 吃香菜 chī xiāngcài | 그들을 돕다 帮助他们 bāngzhù tāmen

STEP 1 한국어를 중국어로 말해 보세요.

(1) 당신은 옷을 추천해 줄 수 있나요?

(2) 당신은 고수를 먹을 수 있나요?

(3) 당신은 그들을 도울 수 있나요?

STEP 2 듣고 따라 읽으며 빈칸에 알맞는 단어를 써 보세요.

(1) 您可以 ______ 衣服吗？

(2) 您 ______ 吃香菜吗？

(3) 您可以 ______ 他们吗？

1 推荐
2 可以
3 帮助

WEEK 8 그는 회의 중이에요.

생생패턴 1 여보세요! 사장님 사무실에 계신가요?

喂, 总经理在 Wéi,zǒngjīnglǐ zài + A 장소 명사 + 吗? ma? : 여보세요, 사장님은 A 에 계신가요?

은행 银行 yínháng | 서점 书店 shūdiàn | 커피숍 咖啡厅 kāfēitīng

STEP 1 한국어를 중국어로 말해 보세요.

(1) 여보세요, 사장님은 은행에 계신가요?

(2) 여보세요, 사장님은 서점에 계신가요?

(3) 여보세요, 사장님은 커피숍에 계신가요?

STEP 2 듣고 따라 읽으며 빈칸에 알맞는 단어를 써 보세요.

(1) 喂，总经理在 ______ 吗？

(2) 喂，总经理 ______ 书店吗？

(3) 喂，总经理在 ______ 吗？

1 银行
2 在
3 咖啡厅

생생패턴 2 그는 회의 중이에요.

他在 Tā zài + A 동작 + 呢。 ne. : 그는 A 를 하고 있는 중이다

보고서를 쓰다 写报告 xiě bàogào | 요리를 하다 做菜 zuòcài | 게임을 하다 玩儿游戏 wánr yóuxì

STEP 1 한국어를 중국어로 말해 보세요.

(1) 그는 보고서를 쓰고 있는 중이다.

(2) 그는 요리를 하고 있는 중이다.

(3) 그는 게임을 하고 있는 중이다.

STEP 2 듣고 따라 읽으며 빈칸에 알맞는 단어를 써 보세요.

(1) 他在 ______ 呢。

(2) 他在 ______ 呢。

(3) 他在玩儿游戏 ______ 。

1 写报告
2 做菜
3 呢

생생패턴 3 우리는 내일 시단에서 회의를 해요.

我们明天在 Wǒmen míngtiān zài + A 장소 + B 동작 。 : 우리는 내일 A 에서 B 하다

학원 补习班 bǔxíbān, 선생님을 만나다 见老师 jiàn lǎoshī | 영화관 电影院 diànyǐngyuàn,
영화를 보다 看电影 kàn diànyǐng | 스타벅스 星巴克 Xīngbākè, 이야기를 하다 聊天儿 liáotiānr

STEP 1 한국어를 중국어로 말해 보세요.

(1) 우리는 내일 학원에서 선생님을 만난다.

(2) 우리는 내일 영화관에서 영화를 본다.

(3) 우리는 내일 스타벅스에서 이야기를 한다.

STEP 2 듣고 따라 읽으며 빈칸에 알맞는 단어를 써 보세요.

(1) 我们明天在 ______ 见老师。

(2) 我们明天在电影院 ______ 。

(3) 我们明天在星巴克 ______ 。

1 补习班
2 看电影
3 聊天儿

생생패턴 4 저의 휴대폰 번호는 136-0118-6981입니다.

我的手机号码是 Wǒ de shǒujī hàomǎ shì + A 숫자(번호) 。 : 나의 휴대폰 번호는 A 이다

13611086789 yāo sān liù yāo yāo líng bā liù qī bā jiǔ | 13833886898 yāo sān bā sān sān bā bā liù bā jiǔ bā |
01012346789 líng yāo líng yāo èr sān sì liù qī bā jiǔ

STEP 1 한국어를 중국어로 말해 보세요.

(1) 나의 휴대폰 번호는 13611086789이다.

(2) 나의 휴대폰 번호는 13833886898이다.

(3) 나의 휴대폰 번호는 01012346789이다.

STEP 2 듣고 따라 읽으며 빈칸에 알맞는 단어를 써 보세요.

(1) 我的手机号码是 ______ 。

(2) 我的 ______ 一三八三三八八六八九八。

(3) 我的 ______ 零一零一二三四六七八九。

1 一三六一一零
八六七八九
2 手机号码是
3 手机号码是

핵심표현

DAY 1 **나는 운동하러 헬스클럽에 갈 계획이야.**
我打算去健身房做运动。

DAY 2 **앞으로 가다가, 사거리 도착해서, 우회전하면 바로야.**
往前走，到十字路口，往右拐就到。

DAY 3 **나는 수영할 줄 알아.**
我会游泳。

DAY 4 **너는 나를 가르쳐 줄 수 있어?**
你能教我吗？

DAY 5 **응용회화**

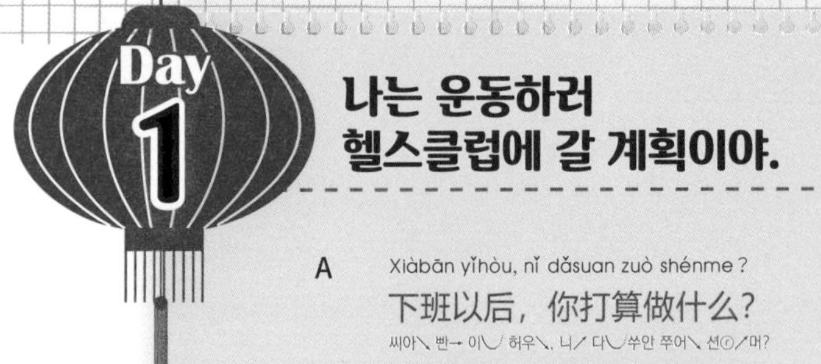

나는 운동하러 헬스클럽에 갈 계획이야.

A　Xiàbān yǐhòu, nǐ dǎsuan zuò shénme?

下班以后，你打算做什么？

씨아↘ 빤→ 이↙ 허우↘, 니↗ 다↙쑤안 쭈어↘ 션ⓡ↗머?

퇴근 후에, 너는 무엇을 할 계획이야?

B　Wǒ dǎsuan qù jiànshēnfáng zuò yùndòng.

我打算去健身房做运动。

워↗ 다↙ 쑤안 취↘ 찌엔↘ 션ⓡ→ 팡ⓕ↗ 쭈어↘ 윈↘ 똥↘.

나는 운동하러 헬스클럽에 갈 계획이야.

我打算去健身房做运动。

한 문장인 '운동하러 간다'에 두 개의 동사(운동하다, 가다)가 들어간 것처럼, 한 문장에서 하나의 주어에 두 개 이상의 동사 또는 동사구가 연이어 배열된 문장을 '연동문'이라 합니다. 이때, 동사는 발생 순서대로 표현하면 되고, 그 의미는 목적 혹은 방식을 나타냅니다.

[주어 + (동사1) + 목적어1 + (동사2) + 목적어2]

我去健身房做运动。　Wǒ qù jiànshēnfáng zuò yùndòng.

나는 운동하러 헬스클럽에 간다. (목적)

他坐地铁去学校。　Tā zuò dìtiě qù xuéxiào.

그는 지하철을 타고 학교에 간다. (방식)

Wǒ dǎsuan qù túshūguǎn kànshū.

我打算去图书馆看书。 나는 책 보러 도서관에 갈 계획이야.

워↗ 다↙ 쑤안 취↘투↗수ⓡ→ 관↙ 칸↘ 수ⓡ→.

생생 새단어

以后 yǐhòu
명 이후

打算 dǎsuan
동 ~할 계획이다.
명 계획

健身房 jiànshēnfáng
동 헬스클럽

运动 yùndòng
동 명 운동(하다)

坐 zuò
동 앉다, (교통수단을) 타다

地铁 dìtiě
명 지하철

1 하오 생생 패턴학습

我打算去 + A [목적어1] + B [동사2 + 목적어2]。

Wǒ dǎsuan qù
워↗다◡ 쑤안 취↘

나는 ~하러
~를 갈 계획이다

A [목적어1]	B [동사2 + 목적어2]
홍콩 | 香港 Xiānggǎng 씨앙→ 강↗	여행하다 | 旅行 lǚxíng 뤼◡ 싱↗
북카페 | 书吧 shū bā 수ⓡ→ 빠→	친구를 만나다 | 见朋友 jiàn péngyou 찌엔↘ 펑↗ 여우
상점 | 商店 shāngdiàn 샹ⓡ→띠엔↘	스마트폰을 사다 | 买智能手机 mǎi zhìnéng shǒujī 마이↗쯔ⓡ↘ 넝↗ 셔ⓡ우◡ 찌→

2 패턴응용 미니회화

A : Zhōumò nǐ dǎsuan zuòshénme?
周末你打算做什么?

B : 주말에 나는 친구를 만나러 북카페에 갈 계획이야.

A : 주말에 너는 무엇을 할 계획이니?

B : Zhōumò wǒ dǎsuan qù shūbā jiàn péngyou.
周末我打算去书吧见朋友。

중국어 Tip

打算은 '~할 계획이다, ~을 하려고 하다'라는 뜻의 동사입니다. 주로 [주어 + 打算 + 동사+목적어]의 어순으로 계획을 나타내는 동사구로 자주 쓰이며, 대부분 구체적인 계획을 가지고 있을 때 표현합니다. 打算은 명사로 '계획'이라는 뜻도 있습니다.

A : 周末你有打算吗? Zhōumò nì yǒu dǎsuan ma? 주말에 너는 계획 있니?
B : 周末我没有打算。 Zhōumò wǒ méiyǒu dǎsuan. 주말에 나는 계획 없어.

앞으로 가다가, 사거리 도착해서, 우회전하면 바로야.

A

Jiànshēnfáng zài nǎr?

健身房在哪儿?

찌엔↘ 션ⓡ→ 팡ⓕ↗ 짜이↘ 날ⓡ↙↗?

헬스클럽은 어디에 있어?

B

Zài wǒmen gōngsī fùjìn. wǎngqián zǒu,

在我们公司附近。往前走,

짜이↘ 워↙/먼 꽁→ 쓰 →푸ⓕ↘ 찐↘. 왕↙/치엔↗ 저우↙↗.

우리 회사 근처에 있어. 앞으로 가다가,

dào shízìlùkǒu, wǎngyòuguǎi jiù dào.

到十字路口，往右拐就到。

따오↘ 스ⓡ↗ 쯔↘ 루↘ 커우↙↗ , 왕↙/여우↘ 구아이↙↗ 찌어우↘ 따오↘.

사거리 도착해서, 우회전하면 바로야.

생생 새단어

附近 fùjìn
명 근처, 부근

往 zài
개 ~를 향해, ~쪽으로

前 qián 명 앞

走 zǒu 동 가다, 걷다

到 dào
동 도착하다

十字路口 shízìlùkǒu
명 사거리

右 yòu
명 오른쪽

拐 guǎi
명 돌다, 꺾다

就 jiù
부 바로, 곧

往前走，到十字路口，往右拐就到。

往은 '~쪽으로(~으로 향하여)'라는 뜻의 전치사로, 방위사와 함께 [往 + 방위사 + 술어(동사)]의 형태로 동작의 방향을 표현합니다. 이때, '~(방향으로) 가다'라고 할 경우, 동사 走 zǒu를 사용하고 '~(방향으로) 꺾다, 돌다'라고 표현하려면 동사 拐 guǎi를 사용하면 됩니다.

[往 + 방위사 + 술어(동사)]

往前走 wǎng qiān zǒu 앞으로 가다.

往右拐 wǎng yòu guǎi 우회전하다.

이때, 어떤 장소를 어떻게 가는지 물어볼 경우에는 동사 앞에서 방식을 물을 때 사용하는 의문사 怎么 zěnme를 사용하여 [장소 + 怎么走?] 라고 표현하면 됩니다.

Nǐ jiā zěnme zǒu?

你家怎么走? 너희 집은 어떻게 가니?

니↙ 찌아→ 전↙머 저우↙↗?

1 하오 생생 패턴학습

往前走, 到十字路口 + A [~로 돌다, 꺾다] + 就到。

Wǎngqián zǒu, dào shízìlùkǒu
왕↘치엔↗ 저우↘↗, 따오↘ 스ⓡ↗ 쯔↘ 루↘ 커우↘↗

jiù dào.
찌어우↘ 따오↘.

앞으로 가다가, 사거리 도착해서
~로 돌면 바로다.

A
좌회전하다 | 往左拐 wǎng zuǒ guǎi 왕↘↗주오어↗ 구아이↘↗
동쪽으로 돌다 | 往东拐 wǎng dōng guǎi 왕↘↗똥→ 구아이↘↗
서쪽으로 돌다 | 往西拐 wǎng xī guǎi 왕↘↗씨→ 구아이↘↗

2 패턴응용 미니회화

A : Shū bā zěnme zǒu?
书吧怎么走?

B : 앞으로 가다가, 사거리 도착해서, 좌회전하면 바로야.

A : 북카페는 어떻게 가니?

B : Wǎngqián zǒu, dào shízìlùkǒu, wǎng zuǒ guǎi jiù dào.
往前走, 到十字路口, 往左拐就到。

중국어 Tip

'~에 있다'라는 뜻의 동사 '在'에 어떤 사람이나 사물의 위치를 더 구체적이고, 자세하게 표현하기 위해, 장소를 나타내는 명사와 방위사가 함께 사용합니다.

[주어 + 술어(동사) 在 + 목적어(장소+방위사)]

健身房在我们公司附近。 Jiànshēnfáng zài wǒmen gōngsī fùjìn.
헬스클럽은 우리 회사 근처에 있어.

我在公园附近。 Wǒ zài gōngyuán fùjìn. 나는 공원 근처에 있어.

나는 수영할 줄 알아

A　Nǐ huì zuòshénme yùndòng?

你会做什么运动?

니↘/후에이↘ 쭈어↘ 션ⓡ↗ 머 윈↘ 똥↘?

너는 무슨 운동할 줄 알아?

B　Wǒ huì yóuyǒng.

我会游泳。

워↘/ 후에이↘ 여우↗ 용↘/.

나는 수영할 줄 알아.

我会游泳。

무언가를 배워서 '~할 줄 안다, ~할 수 있다'를 표현할 때, 조동사 **会** huì를 사용합니다. 조동사 [**会** + 동사]의 형태로 쓰이며 학습과 노력의 결과로 얻은 능력을 나타냅니다. 조동사 **会**의 부정형 표현은 [**不会** búhuì + 동사]를 사용하고, 의문문 표현은 문장 끝에 **吗**?를 붙이거나 [**会不会** huì bu huì + 동사?] 형태의 정반 의문문으로도 물어볼 수 있습니다.

A: Nǐ huì bu huì huáxuě?

你会不会滑雪?　너는 스키 탈 줄 알아, 몰라?

니↘/ 후에이↘ 부 후에이↘ 화↗ 쉐↘/?

B: Wǒ bú huì huáxuě

我不会滑雪。　나는 스키 탈 줄 몰라

워↘/ 부↗ 후에이↘ 화↗ 쉐↘/.

생생 새단어

会 huì
조 ~할 수 있다, ~할 줄 알다

游泳 yóuyǒng
동 수영하다

滑雪 huáxuě
동 스키타다

1 하오 생생 패턴학습

我会 Wǒ huì 워◡ 후에이↘ 나는 ~을 할 줄 안다 + A [동사+목적어]。

2 패턴응용 미니회화

A : Nǐ huì kāichē ma?
你会开车吗?

B : 나는 운전할 줄 몰라.

A : 너는 운전할 줄 아니?

B : Wǒ búhuì kāichē.
我不会开车。

중국어 Tip

여러 종류의 운동이 있는 만큼 '~(운동을)하다'라는 표현 또한 매우 다양합니다. 그 중에서 손으로 공을 치는 경우의 운동은 동사 '打 dǎ'를 사용하고, 축구처럼 공을 발로 차는 운동은 동사 '踢 tī' 를 씁니다.

打 dǎ + 棒球 bàngqiú 야구 / 篮球 lánqiú 농구 / 高尔夫球 gāo'ěrfūqiú 골프

踢 tī + 足球 zúqiú 축구

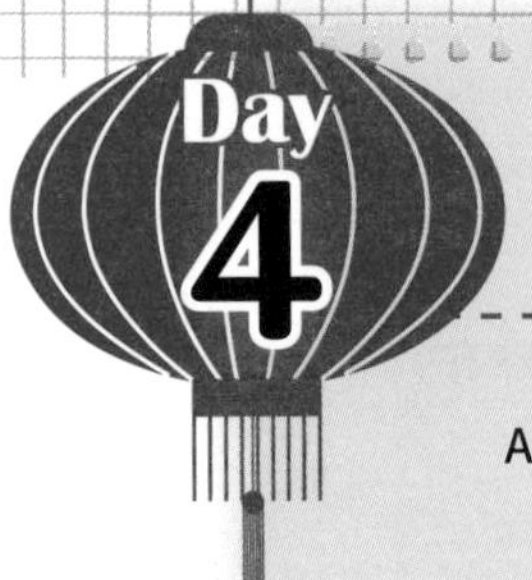

너는 나를 가르쳐 줄 수 있어?

A Nǐ néng jiāo wǒ ma?
你能教我吗?
니↘↗넝↗ 찌아오→ 워↘↗마?
너는 나를 가르쳐 줄 수 있어?

B Dāngrán kěyǐ.
当然可以。
땅→ 란ⓡ↗ 크어↗ 이↘↗.
당연히 가능하지.

你能教我吗?

조동사 能 néng은 [能 + 동사]의 형태로, 상황이나 능력이 돼서 '~할 수 있다'라는 뜻을 나타냅니다. 부정형은 不能 bùnéng으로 '~할 수 없다'라는 불가능함을 나타내며, 의문문 표현은 문장 끝에 吗?를 붙이거나 [能不能 néng bu néng + 동사?] 형태의 정반 의문문으로도 물어볼 수 있습니다.
이때, 긍정형의 대답으로 能처럼 어떤 일의 가능성을 나타내는 조동사인 可以 kěyǐ를 사용해도 됩니다.(☞ 7과)

A: Nǐ xiànzài néng bu néng xiàbān?
你现在能不能下班?
니↘↗ 씨엔↘ 짜이↘ 넝↗ 부 넝↗ 씨아↘ 빤→
너는 지금 퇴근할 수 있어, 없어?

B: Dāngrán kěyǐ.
当然可以。
땅→ 란ⓡ↗ 크어↗ 이↘↗.
당연히 가능해.

생생 새단어

能 néng
조 ~할 수 있다.
教 jiāo
동 가르치다
当然 dāngrán
부 당연히, 물론
형 당연하다, 물론이다.

1 하오 생생 패턴학습

你能
Nǐ néng
니↘ 넝↗

너는 ~ 를
할 수 있니?

+

+ 吗?
ma ?
마?

2 패턴응용 미니회화

A : Nǐ néng cānjiā jùhuì ma ?
你能参加聚会吗 ?

B : 나는 모임에 참가할 수 없어.

A : 너는 모임에 참가할 수 있어?

B : Wǒ bùnéng cānjiā jùhuì.
我不能参加聚会。

중국어 Tip

조동사 能는 '~할 수 있다, ~가능하다'라는 가능성의 뜻 외에도, 조동사 可以처럼 객관적 허가 혹은 허락이 되어 '~할 수 있다, ~해도 된다'라는 뜻을 나타내기도 합니다. 이때, 불허를 뜻하는 부정형은 不能 / 不可以 모두 가능하지만 不可以는 '~하면 안 된다'라는 금지 의미가 더 강합니다.

A : 这儿能抽烟吗 ? Zhèr néng chōuyān ma ? 여기에서 담배 피워도 되나요?
B : 这儿不能抽烟。 Zhèr bù néng chōuyān 여기에서 담배 피울 수 없어요. ☞ 불허가
这儿不可以抽烟。 Zhèr bù kěyǐ chōuyān 여기에서 담배 피우시면 안 돼요. ☞ 금지

1 응용회화

王明 Xiàbān yǐhòu, nǐ dǎsuan zuòshénme?

下班以后，你打算做什么？

씨아↘ 빤→ 이∨ 허우↘, 니↗ 다∨ 쑤안 쭈어↘ 션ⓡ↗ 머?

英俊 Wǒ dǎsuan qù jiànshēnfáng zuò yùndòng.

我打算去健身房做运动。

워↗ 다∨ 쑤안 취↘ 찌엔↘ 션ⓡ→ 팡ⓕ↗ 쭈어↘ 윈↘ 똥↘.

王明 Jiànshēnfáng zài nǎr?

健身房在哪儿？

찌엔↘ 션→ 팡↗ 짜이↘ 날ⓡ∨?

英俊 Zài wǒmen Gōngsī fùjìn. wǎngqián zǒu,

在我们公司附近。往前走、

짜이↘ 워∨ 먼 꽁→ 쓰 →푸ⓕ↘ 찐↘. 왕∨ 치엔↗ 저우∨,

dào shízilùkǒu, wǎngyòuguǎi jiù dào.

到十字路口、往右拐就到。

따오↘ 스ⓡ↗ 쯔↘ 루↘ 커우∨, 왕∨ 여우↘ 구아이∨ 찌어우↘ 따오↘.

王明 Nǐ huì zuòshénme yùndòng?

你会做什么运动？

니∨ 후에이↘ 쭈어↘ 션ⓡ↗ 머 윈↘ 똥↘?

英俊 Wǒ huì yóuyǒng. Nǐ huì yóuyǒng ma?

我会游泳。你会游泳吗？

워∨ 후에이↘ 여우↗ 용∨. 니∨ 후에이↘ 여우↗ 용∨ 마?

王明 Wǒ búhuì yóuyǒng. nǐ néng jiāo wǒ ma?

我不会游泳。你能教我吗？

워∨ 부↗ 후에이↘ 여우↗ 용∨. 니∨ 넝↗ 찌아오→ 워∨ 마?

英俊 Dāngrán kěyǐ. xiàcì wǒmen yìqǐ qù ba.

当然可以。下次我们一起去吧。

땅→ 란ⓡ↗ 크어↗ 이∨. 씨아↘ 츠↘ 워∨ 먼 이↘ 치∨ 취↘ 바.

생생 새단어

下次 xiàcì
명 다음번

2 말문트기 3단 문장연습

※ 소리를 들으며 따라해 보세요!

중국어로 따라하기	발음에 집중하여 따라하기	한자 모양에 집중하여 따라하기
왕밍 퇴근 후에, 너는 무엇을 할 계획이야?	Wáng Míng Xiàbān yǐhòu, nǐ dǎsuan zuòshénme?	**王明** 下班以后， 你打算做什么？
영준 나는 헬스클럽으로 운동하러 갈 계획이야.	Yīng jùn Wǒ dǎsuan qù jiànshēnfáng zuò yùndòng.	**英俊** 我打算去 健身房做运动。
왕밍 헬스클럽은 어디에 있어?	Wáng Míng Jiànshēnfáng zài nǎr?	**王明** 健身房 在哪儿？
영준 우리 회사 근처에 있어. 앞으로 가다가, 사거리 도착해서, 우회전하면 바로야.	Yīng jùn Zài wǒmen Gōngsī fùjìn. wǎngqián zǒu, dào shízìlùkǒu, wǎngyòuguǎi jiù dào.	**英俊** 在我们公司附近。 往前走， 到十字路口， 往右拐就到。
왕밍 너는 무슨 운동 할 줄 알아?	Wáng Míng Nǐ huì zuòshénme yùndòng?	**王明** 你会做什么 运动？
영준 나는 수영할 줄 알아. 너는 수영할 줄 아니?	Yīng jùn Wǒ huì yóuyǒng. Nǐ huì yóuyǒng ma?	**英俊** 我会游泳。 你会游泳吗？
왕밍 나는 수영할 줄 몰라. 너는 나를 가르쳐 줄 수 있어?	Wáng Míng Wǒ búhuì yóuyǒng. nǐ néng jiāo wǒ ma?	**王明** 我不会游泳。 你能教我吗？
영준 당연히 가능하지. 다음에 우리 함께 가자.	Yīng jùn Dāngrán kěyǐ. xiàcì wǒmen yìqǐ qù ba.	**英俊** 当然可以。 下次我们一起去吧。

연습문제

1 녹음된 내용을 듣고, 빈칸에 알맞은 한자와 발음을 써 넣으세요.

1) [ ] 近 : fù [ ]

2) 打 [ ] : [ ] suàn

3) [ ] 加 : cān [ ]

4) [ ] 动 : yùn [ ]

5) 开 [ ] : [ ] chē

6) 下 [ ] : [ ] cì

2 그림을 보고 빈칸에 해당되는 내용을 중국어로 말해 보세요.

1) 나는 테니스를 칠 줄 알아.

2) 앞으로 가다가, 사거리 도착해서 좌회전하면 바로야.

3 다음에 제시된 중국어 단어를 알맞은 어순으로 완성해 보세요.

1) 나는 수영을 할 줄 몰라.

会 我 游泳 不
huì wǒ yóuyǒng bù

[ ]

2) 헬스클럽은 우리 회사 근처에 있어.

在 附近 我们公司 健身房
zài fùjìn wǒmen gōngsī jiànshēnfáng

[ ]

3) 너는 나를 가르쳐 줄 수 있어?

教 吗 你 能 我
jiāo ma nǐ néng wǒ

[ ]

연습문제 정답

1 ① 附, jìn ② 算, dǎ ③ 参, jiā
④ 运, dòng ⑤ 车, kāi ⑥ 次, xià

2 ① 我会打网球。 Wǒ huì dǎ wǎngqiú.
② 往前走, 到十字路口, 往左拐就到。
Wǎngqián zǒu, dào shízìlùkǒu, wǎng zuǒ guǎi jiù dào.

3 ① 我不会游泳。 ② 健身房在我们公司附近。 ③ 你能教我吗?

생생!
VJ 중국 문화 여행

중국의 여가 문화

중국인들의 여가 문화를 소개해 주세요.

중국의 공원을 가면 새벽이나 저녁에도 많은 중국인들이 운동하는 모습을 자주 볼 수 있습니다. 우리나라처럼 조깅도 하고, 부채를 들고 '부채춤' **扇子舞** shànziwǔ을 추거나, 노래를 틀어 놓고 '광장무' **广场舞** Guǎngchǎng wǔ를 즐깁니다. 남의 시선을 크게 신경 쓰지 않는 중국인들은 공원뿐만 아니라 광장 같이 넓은 공간만 있다면 언제 어디서든 춤을 추며 즐겁게 여가 활동을 합니다.

중국인들은 여가 활동의 운동으로 태극권을 많이 하나요?

중국을 대표하는 무술인 '태극권' **太极拳** tàijíquán은 나이가 많은 어른부터 어린아이까지 모두 즐길 수 있는 국민 체조입니다. 많은 중국인들이 신체 건강뿐만 아니라 마음과 기를 다스리기 위해 즐겨 하고 있으며 특히, 스트레스를 많이 받는 사람들에게 환영을 받고 있습니다.

중국의 여가 활동으로 공연 문화는 어떤 것이 있나요?

중국의 전통 예술 중 하나인 '경극'이 있습니다. 경극을 중국어로 **京剧** jīngjù라고 하는데, 이름 그대로 '북경' **北京** Běijīng에서 발전한 예술이라서 그 이름이 붙여졌다고 합니다. 경극은 200년의 역사를 지닌 중국의 대표적인 전통 극예술로, 소리를 가늘고 길게 내는 독특한 노래로, 중국의 전통 음악, 낭독, 춤, 서커스, 무술 등을 융합시킨 것이 특징입니다. 중국 고유의 전통적인 종합 무대 예술이라고 할 수 있죠. 경극 배우들의 화려하고 독특한 분장을 **脸谱** liǎnpǔ라고 하는데 얼굴 분장 하나하나에도 각각의 뜻이 들어 있습니다. 붉은색은 정의로움, 검은색은 지혜로움, 파란색은 오만한 민간 영웅, 초록색은 용감하지만 난폭함, 노란색과 백색은 흉악함, 금색과 은색은 신비한 영적 존재를 상징한다고 합니다.

생생 여행중국어

중국인의 여가 활동 함께 하기

1. 공원은 여기에서 먼가요?
   公园离这儿远吗?
   Gōngyuán lí Zhèr yuǎn ma?
   꽁→ 위엔↗ 리↗ 쩔ⓡ↘ 위엔∨ 마?

2. 말씀 좀 물을게요, 공원은 어떻게 가나요?
   请问, 公园怎么走?
   Qǐngwèn, Gōngyuán zěnme zǒu?
   칭∨ 원↘, 꽁→ 위엔↗ 전∨ 머 저우∨?

3. 너는 나에게 태극권을 가르쳐 줄 수 있니?
   你能教我太极拳吗?
   Nǐ néng jiāo wǒ tàijíquán ma?
   니∨ 넝↗ 찌아오→ 워∨ 타이↘ 지↗ 취엔↗ 마?

WEEK 10

너는 중국요리를 먹어 본 적 있니?

你吃过中国菜吗？

핵심표현

DAY 1 **네가 나에게 중국요리를 추천해 줘.**
你给我推荐中国菜吧。

DAY 2 **너는 중국요리를 먹어 본 적 있니?**
你吃过中国菜吗？

DAY 3 **이 요리는 매우 맛있어.**
这个菜好吃极了。

DAY 4 **나는 맥주 마실 거야.**
我要喝啤酒。

DAY 5 **응용회화**

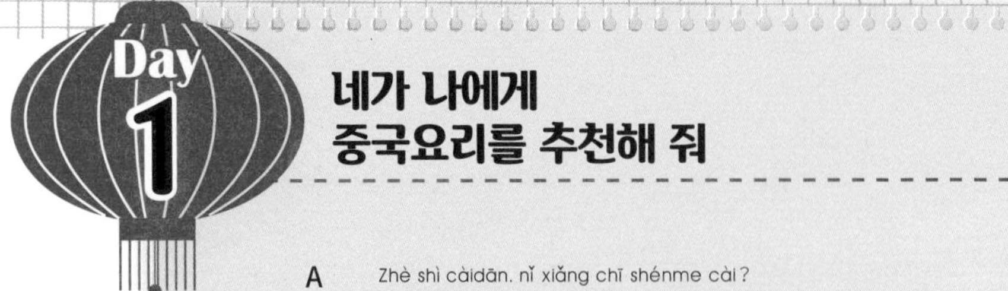

네가 나에게 중국요리를 추천해 줘

A Zhè shì càidān. nǐ xiǎng chī shénme cài?

这是菜单。你想吃什么菜?

쩌ⓡ↘ 스ⓡ↘ 차이↘ 딴→. 니↗ 시앙∨ 츠ⓡ→ 선ⓡ↗ 머 차이↘?

이것은 메뉴판이야. 너는 어떤 요리를 먹고 싶어?

B Wǒ bùzhīdao. nǐ gěi wǒ tuījiàn Zhōngguócài ba.

我不知道。你给我推荐中国菜吧。

워∨ 뿌↘ 쯔ⓡ→ 따오. 니∨↗ 게이↗ 워∨ 투에이→ 찌엔↘ 쭝ⓡ→ 구어↗ 차이↘ 바.

난 몰라. 네가 나에게 중국요리를 추천해 줘.

你给我推荐中国菜吧。

给 gěi는 '~에게 ~을 주다'라는 뜻으로, 두 개의 목적어를 가지는 '이중 목적어 동사' 이자 '~에게'라는 뜻의 전치사로서 동작의 대상 앞에 쓰여 동작을 이끌어 낸답니다.

[주어 + 동사(给) + 목적어1(사람) + 목적어2(사물)]

他给我手机。 Tā gěi wǒ shǒujī.

그가 나에게 휴대폰을 준다

[주어 + 전치사(给) + 명사(대상) + 동사 + 목적어]

他给我买手机。 Tā gěi wǒ mǎi shǒujī.

그는 나에게 휴대폰을 사 준다.

Nǐ gěi tā dǎ diànhuà ba.

你给他打电话吧。 네가 그에게 전화를 해 봐.

니↗ 게이∨ 타→ 다∨ 띠엔↘ 화↘바.

생생 새단어

中国菜 Zhōngguócài 명 중국요리

菜单 càidān 명 식단, 메뉴

给 gěi 개 ~에게

推荐 tuījiàn 동 명 운동(하다)

打电话 dǎ diànhuà 전화를 걸다(하다)

1 하오 생생 패턴학습

你给我 + A[동사] + B[목적어] + 吧。

你给我
Nǐ gěi wǒ
니↺↗게이↗ 워↺
너는 나에게 ~을 …해 줘.

A[동사]	B[목적어]
사다 | 买 mǎi 마이↺	선물 | 礼物 lǐwù 리↺ 우↘
보내다 | 发 fā 파ⓕ→	문자 | 短信 duǎnxìn 두안↺ 씬↘
만들다 | 做 zuò 쭈어↘	케이크 | 蛋糕 dàngāo 딴↘까오→

吧。
ba.
바.

2 패턴응용 미니회화

A : 너는 나에게 케이크 만들어 줘라.

B : Hǎo de. wǒ gěi nǐ zuò yíxià ba
好的。我给你做一下吧。

A : Nǐ gěi wǒ zuò dàngāo ba.
你给我做蛋糕吧。

B : 알겠어. 내가 너에게 좀 만들어 줄게.

중국어 Tip

我给你做一下吧。에서 一下는 [동사 + 一下]의 형태로 짧은 시간이나 동작의 가벼움을 나타내는 '조금(잠깐) ~하라'라는 뜻입니다. 또한 '(시험 삼아) ~해 보자'라는 시도의 의미를 가지기도 합니다.

이때, 儿 er 얼화를 해서 [동사 + 一下儿 yíxiàr] 형식으로도 표현합니다.

请等一下。	Qǐng děng yíxià.	잠깐만 기다리세요.
你尝一下儿。	Nǐ cháng yíxiàr.	네가 맛 한번 봐 봐.

너는 중국요리를 먹어 본 적이 있니?

A　Nǐ chī guo Zhōngguócài ma?
你吃过中国菜吗?
니↘ 츠ⓡ→ 구어 쭝ⓡ→ 구어↗ 차이↘ 마?
너는 중국요리를 먹어 본 적 있니?

B　Wǒ méi chī guo chīguo Zhōngguócài.
我没吃过中国菜。
워↘/메이↗ 츠ⓡ→ 구어 쭝ⓡ→ 구어↗ 차이↘.
나는 중국요리를 먹어 본 적 없어.

你吃过中国菜吗?

过 guo는 [동사 + 过]의 형태로 쓰이며 '~한 적이 있다'라는 뜻의 과거 경험 형태를 표현하는 동태 조사입니다.
이때, 의문문 표현은 문장 끝에 吗?를 붙이면 되고, 부정문은 [没(有) +동사 + 过]의 형식으로 표현합니다.

A : Nǐ chīguo má pó dòufu ma?
你吃过麻婆豆腐吗?
니↘ 츠ⓡ→ 구어 마↗ 포어↗ 떠우↘ 푸ⓕ 마?
너는 마파두부를 먹어 본 적이 있니?

B : Wǒ chīguo má pó dòufu
我吃过麻婆豆腐。
워↘ 츠ⓡ→ 구어 마↗ 포어↗ 떠우↘ 푸ⓕ.
나는 마파두부를 먹어 본 적 있어.

생생 새단어

过 guo
조 ~해 본 적이 있다 (경험)
麻婆豆腐 má pó dòufu
명 마파두부

1 하오 생생 패턴학습

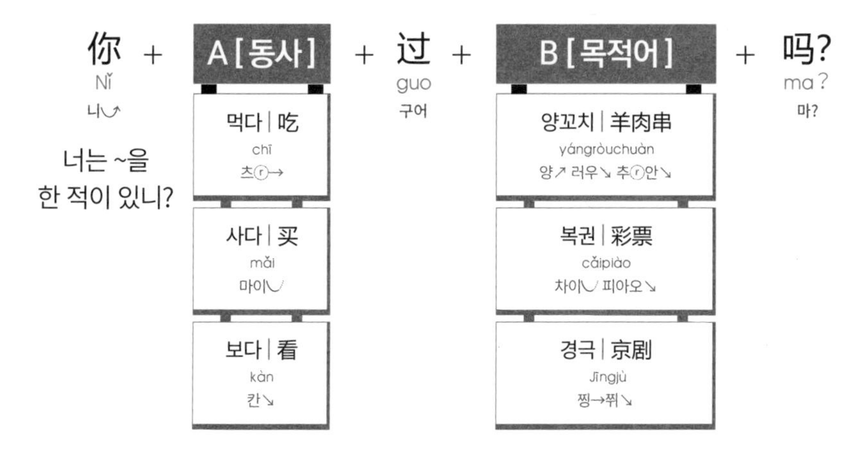

2 패턴응용 미니회화

A : 너는 경극을 본 적이 있니?

B : Wǒ hái méi kànguo Jīngjù.
我还没看过京剧。

A : Nǐ kànguo Jīngjù ma?
你看过京剧吗?

B : 나는 아직 경극을 본 적이 없어.

중국어 Tip

我还没看过京剧。에서 还는 '아직'이라는 뜻으로, [还 + 没(有)+ 동사 + 过] 형태로 쓰일 경우 '아직 ~한 적이 없다'라는 의미가 됩니다.

[주어 + 还没(有) + 동사 + 过 + 목적어]

我还没看过京剧。 Wǒ hái méi kànguo Jīngjù. 나는 아직 경극을 본 적이 없다.

我还没吃过中国菜。 Wǒ hái méi chīguo Zhōngguócài 나는 아직 중국요리를 먹어 본 적이 없다.

이 요리는 매우 맛있어.

A

Wǒ chī guo Běijīng kǎoyā
我吃过北京烤鸭,
워↘↗츠ⓡ→ 구어 베이↘↗징→ 카오↘↗야→,
나는 베이징 오리구이를 먹어 본 적 있는데,

zhège cài hǎochī jíle.
这个菜好吃极了。
쩌ⓡ↘ 거 차이↘ 하오↘↗츠ⓡ→ 지↗ 러.
이 요리는 매우 맛있어.

B

Nà wǒmen diǎn Běijīng kǎoyā ba.
那我们点北京烤鸭吧。
나↘ 워↘↗먼 디엔↘↗ 베이↘↗징→ 카오↘↗야→ 바.
그럼 우리 베이징 오리구이를 주문하자.

这个菜好吃极了。

极了 jíle는 [형용사 + 极了]의 형태로 쓰이며 '매우, 대단히 ~ 하다'라는 뜻을 표현합니다.

[주어 + 형용사 + 极了。]

他 帅 极了。 Tā shuài jíle.
그는 매우 멋있다.

我 忙 极了。 Wǒ máng jíle.
나는 대단히 바쁘다.

Zhè jiàn máoyī hǎokàn jíle.
这件毛衣好看极了。 이 스웨터는 매우 예뻐.
쩌ⓡ↘ 찌엔↘ 마오↗ 이→ 하오↘↗ 칸↘ 지↗ 러.

생생 새단어

北京烤鸭 Běijīng kǎoyā
명 베이징 오리구이 (베이징 카오야)

好吃 hǎochī
형 맛있다

极了 jíle
매우 ~하다

那 nà
접 그러면, 그럼

点 diǎn
동 주문하다

1 하오 생생 패턴학습

이 요리는 매우 ~하다

+

+

极了。
jíle.
지↗ 러.

2 패턴응용 미니회화

A : Wèidao zěnmeyàng?
味道怎么样?

B : 이 요리는 대단히 느끼해.

A : 맛이 어때?

B : Zhè ge cài yóunì jíle.
这个菜油腻极了。

중국어 Tip

味道怎么样? 에서 味道 wèidao는 '맛'이라는 뜻입니다. 맛의 다양한 중국어 표현을 정리해 보아요!

苦 kǔ 쓰다	酸 suān 시다	咸 xián 짜다
淡 dàn 싱겁다	涩 sè 떫다	麻辣 málà 얼얼할 정도로 맵다

나는 맥주 마실 거야.

A　Nǐ yào hē chá háishi píjiǔ?

你要喝茶还是啤酒?

니↘/야오↘ 흐어→ 차ⓡ↗ 하이↗ 스ⓡ 피↗ 지어우↘↗?

너는 차 마실래, 아니면 맥주 마실래?

B　Wǒ yào hē píjiǔ.

我要喝啤酒。

워↘/야오↘ 흐어→피↗ 지어우↘↗.

나는 맥주 마실 거야.

我要喝啤酒。

要 yào는 동사로 '~을 원하다, ~을 필요로 하다'라는 뜻의 동사입니다. 또한 다른 동사 앞에서 [要 + 동사]의 조동사 형태로 쓰일 때는 '~하려고 하다.'라는 강한 의지를 표현합니다.

이때, 조동사 要의 부정형은 [不要 + 동사]가 아닌 '~하고 싶지 않다'라는 뜻의 [不想 + 동사]을 사용합니다.

A : Nǐ yào liàn pǔlātí ma?

你要练普拉提吗? 너 필라테스 할래?

니↘/ 야오↘ 리엔↘푸↘ 라→ 티↗ 마?

B : Wǒ bùxiǎng liàn pǔlātí

我不想练普拉提。 나는 필라테스 하고 싶지 않아.

워↘ 뿌↘ 시앙↘↗ 리엔↘푸↘ 라→ 티↗.

생생 새단어

要 yào
조 ~하려고 하다

还是 háishi
접 아니면, 또는

减肥
동 살을 빼다, 다이어트 하다

1 하오 생생 패턴학습

我要 + A [동사+목적어] 。

Wǒ yào

워↗ 야오↘

나는 ~ 하려고 한다

휴가를 신청하다 | 请假

qǐngjià

칭↗찌아↘

카페라테를 마시다 | 喝拿铁咖啡

hē ná tiě kāfēi

흐어→ 나↗티에↗ 카→ 페ⓕ이→

다이어트를 하다 | 减肥

jiǎnféi

지엔↗페ⓕ이↗

2 패턴응용 미니회화

A : Nǐ yào hē shénme kāfēi?

你要喝什么咖啡?

B : 나는 카페라테를 마실 거야.

A : 너는 어떤 커피를 마실 거야?

B : Wǒ yào hē ná tiě kāfēi.

我要喝拿铁咖啡。

중국어 Tip

你要喝茶还是啤酒？에서 还是 háishi는 '~또는, ~ 아니면'이라는 뜻입니다. [A 还是 B?]의 형태로 쓰이며, 'A 할래 아니면 B 할래?'라는 뜻의 선택을 묻는 선택 의문문입니다. 이때, 접속사 还是가 선택 의문 문으로 만들어 주기 때문에, 吗를 붙이면 안 되고 还是 단어의 是는 경성으로 발음해야 합니다.

你买汉语书还是英语书？ 너는 중국어책 사니, 아니면 영어책 사니?

你去还是她去？ 네가 가니, 아니면 그녀가 가니?

1 응용회화

史密斯 Zhè shì càidān. nǐ xiǎng chī shénme cài?

这是菜单。你想吃什么菜?

쩌ⓡ↘ 스ⓡ↘ 차이↘ 딴→. 니↗ 시앙↙ 츠ⓡ→ 션ⓡ↗ 머 차이↘?

英俊 Wǒ bùzhīdào. nǐ gěi wǒ tuījiàn Zhōngguócài ba.

我不知道。你给我推荐中国菜吧。

워↙뿌↘ 쯔ⓡ→ 따오. 니↙↗ 게이↗ 워↙ 투에이→ 찌엔↘ 쭝ⓡ→ 구어→ 차이↘ 바.

史密斯 Nǐ chī guo Zhōngguócài ma?

你吃过中国菜吗?

니↙ 츠ⓡ→ 구어 쭝ⓡ→ 구어↗ 차이↘ 마?

英俊 Wǒ méi chī guo Zhōngguócài.

我没吃过中国菜。

워↙메이↗ 츠ⓡ→ 구어 쭝ⓡ→ 구어↗ 차이↘.

史密斯 Wǒ chī guo Běijīng kǎoyā. zhège cài hǎochī jíle.

我吃过北京烤鸭、这个菜好吃极了。

워↙ 츠ⓡ→ 구어 베이↙징→ 카오↙야→. 쩌ⓡ↘ 거 차이↘ 하오↙ 츠ⓡ→ 지↗ 러.

英俊 Nà wǒmen diǎn Běijīng kǎoyā ba.

那我们点北京烤鸭吧。

나↘ 워↙먼 디엔↙ 베이↙징→ 카오↙야→ 바.

史密斯 Nǐ yào hē chá háishi píjiǔ?

你要喝茶还是啤酒?

니↙야오↘ 흐어→ 차ⓡ↗ 하이↗ 스ⓡ 피↗ 지어우↙?

英俊 Wǒ yào hē píjiǔ.

我要喝啤酒。

워↙야오↘ 흐어→피↗ 지어우↙.

史密斯 Hǎo de. fúwùyuán! wǒmen diǎn yìzhī Běijīngkǎoyā,

好的。服务员! 我们点一只北京烤鸭、

하오↙더. 푸ⓕ↗우↘ 위엔↗! 워↙먼 디엔↙ 이↘ 쯔ⓡ→ 베이↙징→ 카오↙야→,

yìpán Jīngjiàngròu sī

一盘京酱肉丝

이↘ 판↗ 찡→ 찌앙↘ 러ⓡ우↘ 쓰→

hé yì píng píjiǔ.

和一瓶啤酒。

흐어↗ 이↘핑↗피↗ 지어우↙.

생생 새단어

服务员
fúwùyuán
명 종업원

只 zhī
양 마리

盘 pán
양 접시

京酱肉丝
Jīng jiàngròu sī
명 경장육사(징장러우쓰)

瓶 ping
양 병

2 말문트기 3단 문장연습

※ 소리를 들으며 따라해 보세요!

중국어로 따라하기	발음에 집중하여 따라하기	한자 모양에 집중하여 따라하기
스미스 이것은 메뉴판이야. 너는 어떤 요리를 먹고 싶어?	Shǐmìsī Zhè shì càidān. nǐ xiǎng chī shénme cài?	**史密斯** 这是菜单。 你想吃什么菜?
영준 난 몰라. 네가 나에게 중국요리를 추천해 줘.	Yīng jùn Wǒ bùzhīdào. nǐ gěi wǒ tuījiàn zhōngguócài ba.	**英俊** 我不知道。 你给我推荐中国菜吧。
스미스 너는 중국요리를 먹어 본 적 있니?	Shǐmìsī Nǐ chī guo zhōngguócài ma?	**史密斯** 你吃过 中国菜吗?
영준 나는 중국요리를 먹어 본 적 없어.	Yīng jùn Wǒ méi chī guo zhōngguócài.	**英俊** 我没吃过 中国菜。
스미스 나는 베이징 오리구이를 먹어본 적 있는데, 이 요리는 매우 맛있어.	Shǐmìsī Wǒ chī guo Běijīng kǎoyā, zhège cài hǎochī jíle.	**史密斯** 我吃过北京烤鸭, 这个菜好吃极了。
영준 그럼 우리 베이징 오리구이를 주문하자.	Yīng jùn Nà wǒmen diǎn Běijīng kǎoyā ba	**英俊** 那我们点 北京烤鸭吧。
스미스 너는 차 마실래, 아니면 맥주 마실래?	Shǐmìsī Nǐ yào hē chá háishi píjiǔ?	**史密斯** 你要喝茶 还是啤酒?
영준 나는 맥주 마실 거야.	Yīng jùn Wǒ yào hē píjiǔ.	**英俊** 我要喝啤酒。
스미스 알겠어. 종업원! 우리는 베이징 오리구이 한 마리, 경장육사 한 접시 그리고 맥주 한 병 주문할게요.	Shǐmìsī Hǎo de. fúwùyuán wǒmen diǎn yìzhī Běijīng kǎoyā, yìpán Jīng jiàngròu sī hé yì píng píjiǔ.	**史密斯** 好的。服务员! 我们点一只北京烤鸭、 一盘京酱肉丝 和一瓶啤酒。

연습문제

1 녹음된 내용을 듣고, 빈칸에 알맞은 한자와 발음을 써 넣으세요.

1) 请 [ ] : [ ] jià

2) [ ] 荐 : tuī [ ]

3) 一 [ ] : [ ] píng

4) [ ] 肥 : jiǎn [ ]

5) [ ] 信 : duǎn [ ]

6) 菜 [ ] : [ ] dān

2 그림을 보고 빈칸에 해당되는 내용을 중국어로 말해 보세요.

1) 나는 중국요리를 먹어 본 적이 없어.

2) 너는 차 마실래, 아니면 맥주 마실래?

3 다음에 제시된 중국어 단어를 알맞은 어순으로 완성해 보세요.

1) 너는 나에게 선물을 사 줘라.

礼物 给 我 买 你
lǐwù gěi wǒ mǎi nǐ

[ ]

2) 나는 필라테스를 하려 한다.

普拉提 要 我 练
pǔlātí yào wǒ liàn

[ ]

3) 이 요리는 매우 느끼해.

菜 个 极了 这 油腻
cài ge jíle zhè yóunì

[ ]

연습문제 정답

1
① 假, qǐng ② 推, jiàn ③ 瓶, yì
④ 减, féi ⑤ 短, xìn ⑥ 单, cài

2
① 我没吃过中国菜。Wǒ méi chī guo zhěngguócài.
② 你要喝茶还是啤酒? Nǐ yào hē chá háishi píjiǔ?

3
① 你给我买礼物。② 我要练普拉提。③ 这个菜油腻极了。

생생! VJ 중국 문화 여행

중국의 식사 문화

중국의 특별한 식사 문화는 어떤 것들이 있나요?

중국에서는 밥그릇을 들어 한 손으로 받치고 젓가락만 사용하여 밥을 먹고, 숟가락은 보통 국물을 먹을 때만 사용을 해요. 또한, 중국에서는 음식을 남기지 않으면 준비한 음식이 부족했다고 생각하기 때문에 음식을 조금씩 남기는 배려를 합니다.

중국의 음주 문화는 우리나라와 어떻게 다른가요?

중국의 술자리에서 상대방에 대한 존경의 의미로 술을 따라주는 것은 우리나라와 비슷하지만, 중국인은 상대방에게 따라준 후 스스로 자기 잔을 채운다고 합니다. 우리나라에서는 상대방이 따라주는 것이 예의죠. 그리고 상대방이 술을 따라주면 고맙다는 표시로 검지와 중지로 탁자를 가볍게 두드립니다. 중국에서는 술잔을 돌리지 않고, 상대방의 술잔에 술이 조금만 비어도 첨잔하는 것이 예의이며, 윗사람과 건배를 할 경우에는 상대방의 술잔보다 약간 낮은 위치에서 부딪힙니다. 그리고 새로운 요리가 나오면 먹기 전에 한 잔 마시기를 권하는 것도 중국의 음주 문화 중에 하나인데, 이것은 음식을 먹기 전에 입맛을 돋우는 의식이자 새로운 요리에 대한 감사의 뜻이라고 합니다. 우리나라에서는 연장자와 술을 마실 때 고개를 돌려 술을 마심으로써 예의를 표시하지만, 중국인들은 상대방이 불편하다는 의미로 받아들일 수 있으니 상대방의 눈을 보며 함께 술을 마시는 것이 좋습니다.

중국의 '건배'도 우리나라와 같은 의미인가요?

우리나라에서는 술을 마실 때, 'cheers'와 비슷한 의미의 '건배'를 하는데, 이를 중국에서는 **干杯** gānbēi 라고 합니다. **干** gān (마를 건), **杯** bēi (잔 배) '잔을 말리다' 즉, '잔을 비우다'라는 뜻이어서 술을 남기면 안 된다는 것입니다. **见底** jiàndǐ라는 말도 있는데, '바닥까지 보자'라는 뜻으로 '원샷'이라는 표현입니다.

생생 여행중국어

중국인과 식사 하기

1. 계산서요! 제가 한턱 낼게요!
   买单！我请客！
   Mǎidān ! wǒ qǐngkè !
   마이∪ 딴→! 워↗ 칭∪커↘!

2. (술을) 자작하지 마세요!
   别自满！
   Bié zìmǎn !
   비에↗ 쯔↘ 만∪!

3. 맛있게 잘 먹었습니다!
   我吃好了。
   Wǒ chīhǎo le.
   워∪ 츠→ 하오∪ 러.

핵심표현

WEEK 9 **나는 운동하러 헬스클럽에 갈 계획이야.**
我打算去健身房做运动。

WEEK 10 **너는 중국요리를 먹어 본 적 있니?**
你吃过中国菜吗？

WEEK 9 나는 운동하러 헬스클럽에 갈 계획이야

생생패턴 1 나는 운동하러 헬스클럽에 갈 계획이야.

我打算去 (Wǒ dǎsuan qù) + A (목적어1) + B (동사2+목적어2) 。 : 나는 B 하러 A 를 갈 계획이다.

홍콩 香港 Xiānggǎng, 여행하다 旅行 lǚxíng | 북카페 书吧 shū bā, 친구를 만나다 见朋友 jiàn péngyou | 상점 商店 shāngdiàn, 스마트폰을 사다 买智能手机 mǎi zhìnéng shǒujī

STEP 1 한국어를 중국어로 말해 보세요.

(1) 나는 여행하러 홍콩에 갈 계획이다.

(2) 나는 친구를 만나러 북카페에 갈 계획이다.

(3) 나는 스마트폰을 사러 상점을 갈 계획이다.

STEP 2 듣고 따라 읽으며 빈칸에 알맞는 단어를 써 보세요.

(1) 我打算去香港 ______ 。

(2) 我 ______ 去书吧见朋友。

(3) 我打算去 ______ 买智能手机。

1 旅行
2 打算
3 商店

생생패턴 2 앞으로 가다가, 사거리 도착해서, 우회전하면 바로야.

往前走，到十字路口 (Wǎngqián zǒu, dào shízìlùkǒu) + A (~로 돌다, 꺾다) + 就到。(jiù dào.)

: 앞으로 가다가 사거리 도착해서 A 로 돌면 바로야.

좌회전하다 往左拐 wǎng zuǒ guǎi | 동쪽으로 꺾다 往东拐 wǎng dōng guǎi | 서쪽으로 꺾다 往西拐 wǎng xī guǎi

STEP 1 한국어를 중국어로 말해 보세요.

(1) 앞으로 가다가 사거리 도착해서, 좌회전하면 바로 도착한다.

(2) 앞으로 가다가 사거리 도착해서, 동쪽으로 꺾으면, 바로 도착한다.

(3) 앞으로 가다가 사거리 도착해서, 서쪽으로 꺾으면, 바로 도착한다.

STEP 2 듣고 따라 읽으며 빈칸에 알맞는 단어를 써 보세요.

(1) 往前走，到十字路口， ______ 就到。

(2) ______ ，到十字路口，往东拐就到。

(3) 往前走，到十字路口， ______ 就到。

1 往左拐
2 往前走
3 往西拐

생생패턴 3 나는 수영할 줄 알아.

我会 Wǒ huì + A 동사+목적어 。 : 나는 A 를 할 줄 안다.

테니스를 치다 **打网球** dǎ wǎngqiú | 운전하다 **开车** kāichē | 중국어를 말하다 **说汉语** shuō hànyǔ

STEP 1 한국어를 중국어로 말해 보세요.

(1) 나는 테니스를 칠 줄 안다.

(2) 나는 운전할 줄 안다.

(3) 나는 중국어를 말할 줄 안다.

STEP 2 듣고 따라 읽으며 빈칸에 알맞는 단어를 써 보세요.

(1) 我会 ______ 。

(2) 我会 ______ 。

(3) 我 ______ 说汉语。

1 打网球
2 开车
3 会

생생패턴 4 너는 나를 가르쳐 줄 수 있어?

你能 Nǐ néng + A 동사+목적어 + 吗? ma? : 너는 A 를 할 수 있니?

나를 돕다 **帮我** bāng wǒ | 모임에 참가하다 **参加聚会** cānjiā jùhuì | 나를 배웅하다 **送我** sòng wǒ

STEP 1 한국어를 중국어로 말해 보세요.

(1) 너는 나를 도울 수 있니?

(2) 너는 모임에 참가할 수 있니?

(3) 너는 나를 배웅할 수 있니?

STEP 2 듣고 따라 읽으며 빈칸에 알맞는 단어를 써 보세요.

(1) 你能 ______ 吗？

(2) 你能参加 ______ 吗？

(3) 你 ______ 送我吗？

1 帮我
2 聚会
3 能

WEEK 10 너는 중국요리를 먹어 본 적 있니?

생생패턴 1 네가 나에게 중국요리를 추천해 줘.

你给我 Nǐ gěi wǒ + A 동사 + B 목적어 + 吧。 ba. : 나에게 B 를 A 해 줘.

사다 买 mǎi , 선물 礼物 lǐwù | 발송하다, 보내다 发 fā , 문자 短信 duǎnxìn | 만들다 做 zuò , 케이크 蛋糕 dàngāo

STEP 1 한국어를 중국어로 말해 보세요.

(1) 네가 나에게 선물 사 줘.

(2) 네가 나에게 문자를 보내 줘.

(3) 네가 나에게 케이크를 만들어 줘.

STEP 2 듣고 따라 읽으며 빈칸에 알맞는 단어를 써 보세요.

(1) 你给我 ______ 吧。

(2) 你给我 ______ 吧。

(3) 你给我做 ______ 吧。

1 买礼物
2 发短信
3 蛋糕

생생패턴 2 너는 중국요리를 먹어 본 적 있니?

你 Nǐ + A 동사 + 过 guo + B 목적어 + 吗? ma? : 너는 B 를 A 한 적이 있니?

먹다 吃 chī, 양꼬치 羊肉串 yángròuchuàn | 사다 买 mǎi, 복권 彩票 cǎipiào | 보다 看 kàn, 경극 京剧 Jīngjù

STEP 1 한국어를 중국어로 말해 보세요.

(1) 너는 양꼬치를 먹어 본 적이 있니?

(2) 너는 복권을 사 본 적이 있니?

(3) 너는 경극을 본 적이 있니?

STEP 2 듣고 따라 읽으며 빈칸에 알맞는 단어를 써 보세요.

(1) 你吃 ______ 羊肉串吗？

(2) 你买过 ______ 吗？

(3) 你 ______ 京剧吗？

1 过
2 彩票
3 看过

생생패턴 3 이 요리는 매우 맛있어.

这个菜 Zhège cài + A 형용사 + 极了。jíle. : 이 요리는 매우 A 하다.

느끼하다 油腻 yóunì | 달다 甜 tián | 맵다 辣 là

STEP 1 한국어를 중국어로 말해 보세요.

(1) 이 요리는 매우 느끼하다.

(2) 이 요리는 매우 달다.

(3) 이 요리는 매우 맵다.

STEP 2 듣고 따라 읽으며 빈칸에 알맞는 단어를 써 보세요.

(1) 这个菜 ______ 极了。

(2) 这个菜甜 ______ 。

(3) 这个菜 ______ 极了 。

1 油腻
2 极了
3 辣

생생패턴 4 나는 맥주 마실 거야.

我要 Wǒ yào + A 동사+목적어 。: 나는 A 하려고 한다.

휴가를 신청하다 请假 qǐngjià | 카페라테를 마시다 喝拿铁咖啡 hē nátiěkāfēi | 필라테스를 하다 练普拉提 liàn pǔlātí

STEP 1 한국어를 중국어로 말해 보세요.

(1) 나는 휴가를 신청하려고 한다.

(2) 나는 카페라테를 마시려고 한다.

(3) 나는 필라테스를 하려고 한다.

STEP 2 듣고 따라 읽으며 빈칸에 알맞는 단어를 써 보세요.

(1) 我要 ______ 。

(2) 我 ______ 拿铁咖啡。

(3) 我要 ______ 普拉提。

1 请假
2 要喝
3 练